WOHNRÄUME NEU SCHAFFEN

RENOVATING FOR LIVING

RÉINVENTER SA MAISON

VERNIEUWBOUW VAN WOONRUIMTE

WOHNRÄUME NEU SCHAFFEN

RENOVATING FOR LIVING

RÉINVENTER SA MAISON

VERNIEUWBOUW VAN WOONRUIMTE

Editorial project:
2008 © **LOFT Publications**
Via Laietana, 32, 4.º, Of. 92
08003 Barcelona, Spain
Tel.: +34 932 688 088
Fax: +34 932 687 073
loft@loftpublications.com
www.loftpublications.com

Art director:
Mireia Casanovas Soley

Editorial coordination:
Simone Schleifer

Texts:
LOFT Publications

Layout:
TRAMA, estudi gràfic
www.tramaestudi.com

Translations coordination:
Equipo de Edición, Barcelona
Translations: Katrin Kügler (German),
Éditions 360 (French), Persklaar (Dutch)

ISBN 978-84-96936-87-4

Printed in China

LOFT affirms that it possesses all the necessary rights for the publication of this material and has duly paid all royalties related to the authors' and photographers' rights. LOFT also affirms that it has violated no property rights and has respected common law, all authors' rights and other rights that could be relevant. Finally, LOFT affirms that this book contains no obscene nor slanderous material.

The total or partial reproduction of this book without the authorization of the publishers violates the two rights reserved; any use must be requested in advance.

If you would like to propose works to include in our upcoming books, please email us at loft@loftpublications.com.

In some cases it has been impossible to locate copyright owners of the images published in this book. Please contact the publisher if you are the copyright owner of any of the images published here.

10	Greg Gong House in Malvern
18	Abelow Connors Sherman Loft in Jersey City
26	Ogris:Wanek Architects ISN House
38	Agustí Costa Apartment in Sant Andreu
48	Procter & Rihl Bento Box Apartment
56	Alfons Soldevila House in Tiana
68	Roberto Silvestri House in Piazza Navona
74	Christof Swartz/Swartz Design Soup Kitchen
82	Carmen Quintana & Carmelo García Welcome Center
90	Bruck & Weckerle Sevenig-Goergen
98	Mehrdad Hadighi/Studio for Architecture Tall Acres
104	Grollmitz-Zappe Architekten Bad Saarow Villa
108	Jordi Hidalgo & Daniela Hartmann Masnou House
116	Buschow Henley Barge & Murphy Loft
126	Giampiero Bosoni/GA Architetti Associati House with a Porch
136	Jo Crepain Crepain Loft
146	Dirk Jan Postel/Kraaijvanger Temple of Love
154	Iñaki Alday & Margarita Jover Biboum Ca La Mostera
164	Enric Miralles & Benedetta Tagliabue 1 House + 1 House = 1 Room
170	Miquel Capdevila Mas Cantallops
180	Andrade Morettin Arquitetos Jote Apartment
188	Atelier Matador O House
198	Woha Designs Emerald Hill
204	Project 35 English & Konu Architects Gold Lane
210	Giuseppe Chigiotti Apartment in Sienna
220	McDowell & Benedetti Loft on Nile Street
226	Smith-Miller & Hawkinson Architects Greenberg Loft
234	Giuseppe Caruso Cristofolini House

Einleitung

Bisweilen kann sich die Renovierung eines Gebäudes als technisch anspruchsvoller erweisen als ein Neubau. Grund dafür ist nicht nur, dass der historische Charakter des Gebäudes erhalten werden muss - auch stellt sich häufig erst während der Renovierungsarbeiten heraus, wie es wirklich um die bauliche Struktur des Gebäudes bestellt ist. Für jeden Architekten stellt die Arbeit an einem bereits vorhandenen Gebäude eine besondere Herausforderung dar, denn es müssen Arbeitsmethoden entwickelt werden, die sich von denen für einen Neubau grundlegend unterscheiden. Der Architekt muss bei der Ausführung der Renovierung sein ganzes Können einsetzen, um die Wünsche des Kunden mit den Möglichkeiten, die die Bausubstanz bietet, zu vereinen. Das endgültige Ergebnis wird letztendlich von einem weiteren wichtigen Faktor bestimmt: Das Projekt muss so ausgeführt werden, dass es das zur Verfügung stehende Budget nicht übersteigt.

Introduction

Sometimes tackling the renovation of a building is more complicated than building a new one, not only because of the historic value of the part that must be preserved, but also because of the state of the structure itself since we rarely know what condition it is in before beginning the project. Furthermore, the act of working on an existing building is a challenge for any architect since it means developing adaptive strategies that are very different from those that would be developed for a new construction. The sensitivity of the architect carrying out the renovation is of utmost importance, since he must combine the client's wishes with the realities of the structure. The strategies that he is able to develop within the budget allowed will dictate the final form of the building.

Introduction

Il est parfois plus compliqué de s'attaquer à la rénovation d'un bâtiment que d'en construire un nouveau. Non seulement en raison de la difficulté de préserver sa valeur architecturale historique, mais également parce que l'on peut rarement deviner l'état de sa structure elle-même avant d'avoir entamé le projet de rénovation. Par ailleurs, travailler sur un bâtiment préexistant est, pour n'importe quel architecte, un véritable challenge dans la mesure où cela suppose l'élaboration d'une stratégie adaptative, distincte de celles qui peuvent présider à la conception d'un nouvel édifice. Il est d'une importance cruciale que l'architecte en charge d'une rénovation soit autant attentif aux souhaits de son client qu'aux contraintes structurelles du bâtiment. Les stratégies qu'il va être capable de mettre en œuvre dans les limites du budget fixé détermineront en effet l'apparence définitive du bâtiment rénové.

Inleiding

Soms is het renoveren van een gebouw ingewikkelder dan nieuwbouw. Dat is niet alleen vanwege de historische waarde van delen die behouden moeten worden, maar ook vanwege de staat van het gebouw, omdat voor aanvang van een project zelden bekend is in wat voor toestand het verkeert. Het aanpassen van een bestaand gebouw is ook een uitdaging voor de architect, omdat hij aanpassingsstrategieën moet toepassen die hij normaal gesproken niet tegenkomt bij de planning van een nieuw gebouw. Enige creativiteit is onontbeerlijk, omdat de wensen van de cliënt moeten worden ingepast in de eventuele beperkingen van het pand in kwestie. De strategieën die de architect kan ontwikkelen binnen het gestelde budget bepalen dan het uiteindelijke resultaat.

Das 1930 erbaute Haus wurde 1960 unter Hinzufügung eines neuen Gebäudeflügels renoviert. Die Renovierungsarbeiten konzentrierten sich auf den hinteren Teil des Gebäudes: In diesem Bereich, an den ein sonniger Garten angrenzt, sind die meisten Veränderungen vorgenommen worden. Den nun zum Arbeitszimmer umgewandelten Raum, in dem sich vorher die Küche befand, betritt man als erstes - er dient als Verbindungsstück zwischen dem alten und dem neuen Teil des Gebäudes. Zur Tageslichtnutzung wurden Oberlichter eingefügt, neben der Umnutzung die zweite wichtige bauliche Maßnahme.

This house was built in 1930 and renovated in 1960 with the construction of a new wing. The renovation was centered on the rear area of the house, where most activities are carried out and which has a garden that enjoys full sun. The space that contains the studio, previously the kitchen, is the first element that appears and it acts as a transition between the old part and the new. In addition to changing its use, skylights were installed to make use of the natural light.

Cette maison construite en 1930 a été rénovée en 1960, à l'occasion de la construction d'une nouvelle aile. C'est sur l'arrière de la maison que les travaux se sont concentrés. En effet, c'est le principal lieu de vie, et la présence du jardin lui garantit un ensoleillement maximum. L'ancienne cuisine a été transformée en un petit bureau, que l'on découvre aussitôt en entrant. Il assure la transition entre les parties anciennes et nouvelles de la maison. En plus de son changement d'affectation, la pièce a été dotée de baies vitrées afin de jouir au mieux de la lumière du jour.

Dit huis is gebouwd in 1930 en in 1960 gerenoveerd, waarbij een vleugel werd aangebouwd. De renovatie richtte zich op de achterkant van het huis, waar de meeste dagelijkse handelingen plaatsvinden en waar een zonnige tuin ligt. De ruimte waar de werkkamer is gesitueerd de vroegere keuken valt het eerste op en vormt de overgang tussen het oude en nieuwe deel. De ruimte heeft niet alleen een andere functie gekregen, maar is ook lichter geworden door de nieuwe dakramen.

HOUSE IN MALVERN

GREG GONG

© JOHN GOLLINGS
MELBOURNE, AUSTRALIA

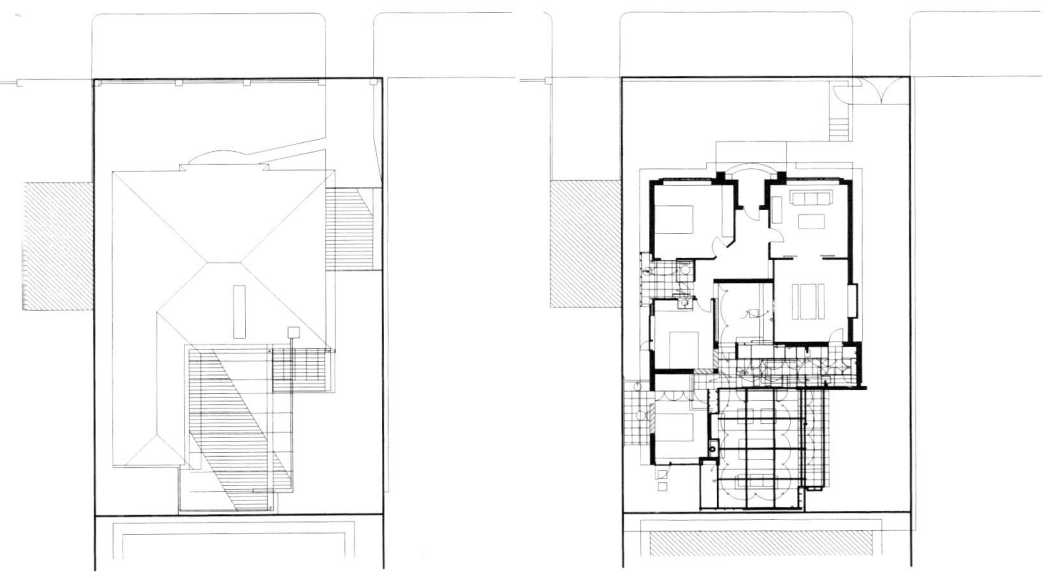

Roof and renovation plan

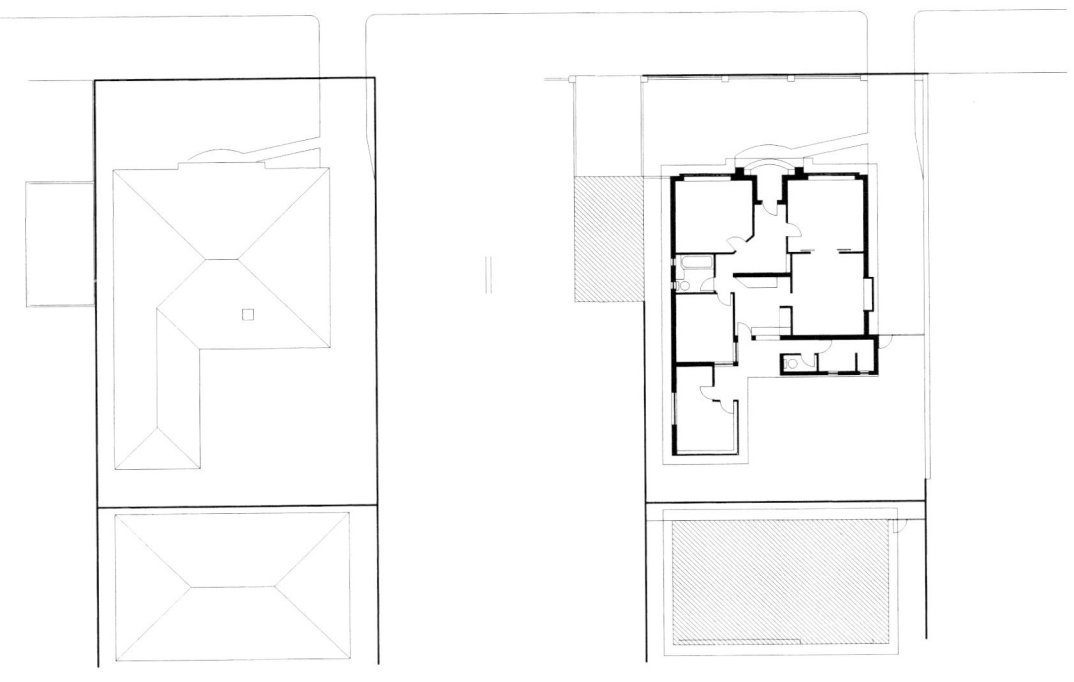

Roof and plan before renovation

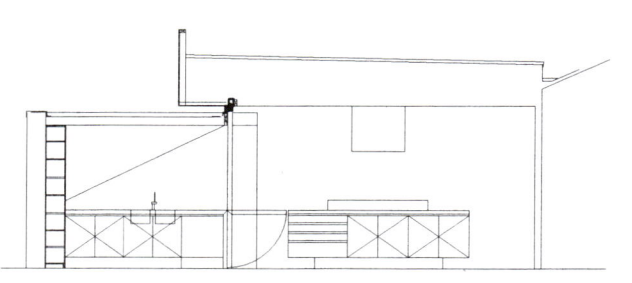
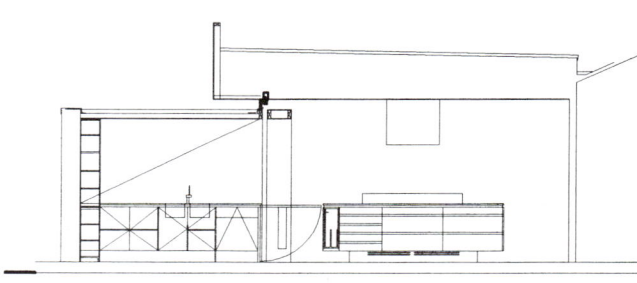

Elevation

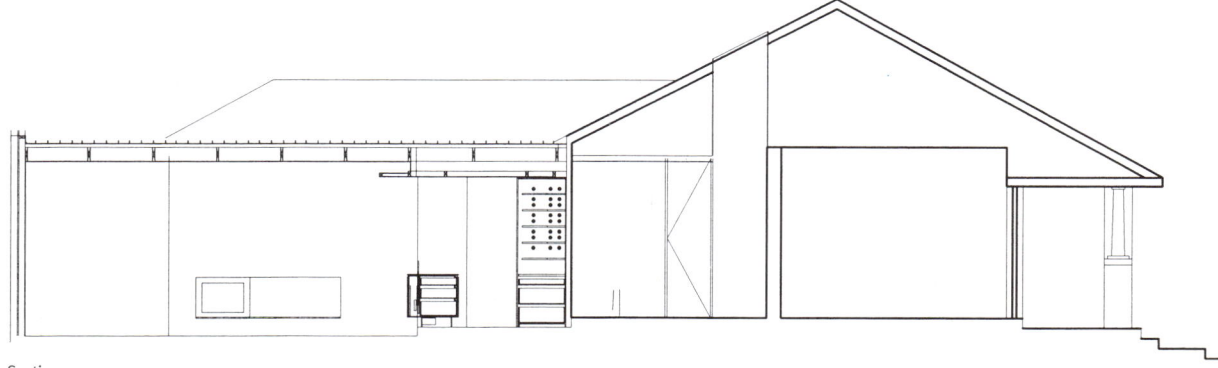

Section

Durch den Einsatz von lichtdurchlässigem Glas wird die Nutzung von Tageslicht in nahezu jedem Bereich des Gebäudes ermöglicht.
The use of translucent glass allows natural light to flow to the most private areas of the house.
Les baies vitrées permettent à la lumière naturelle de se propager jusqu'au cœur même de la maison.
Dankzij het gebruik van glas valt er in de meeste kamers daglicht binnen.

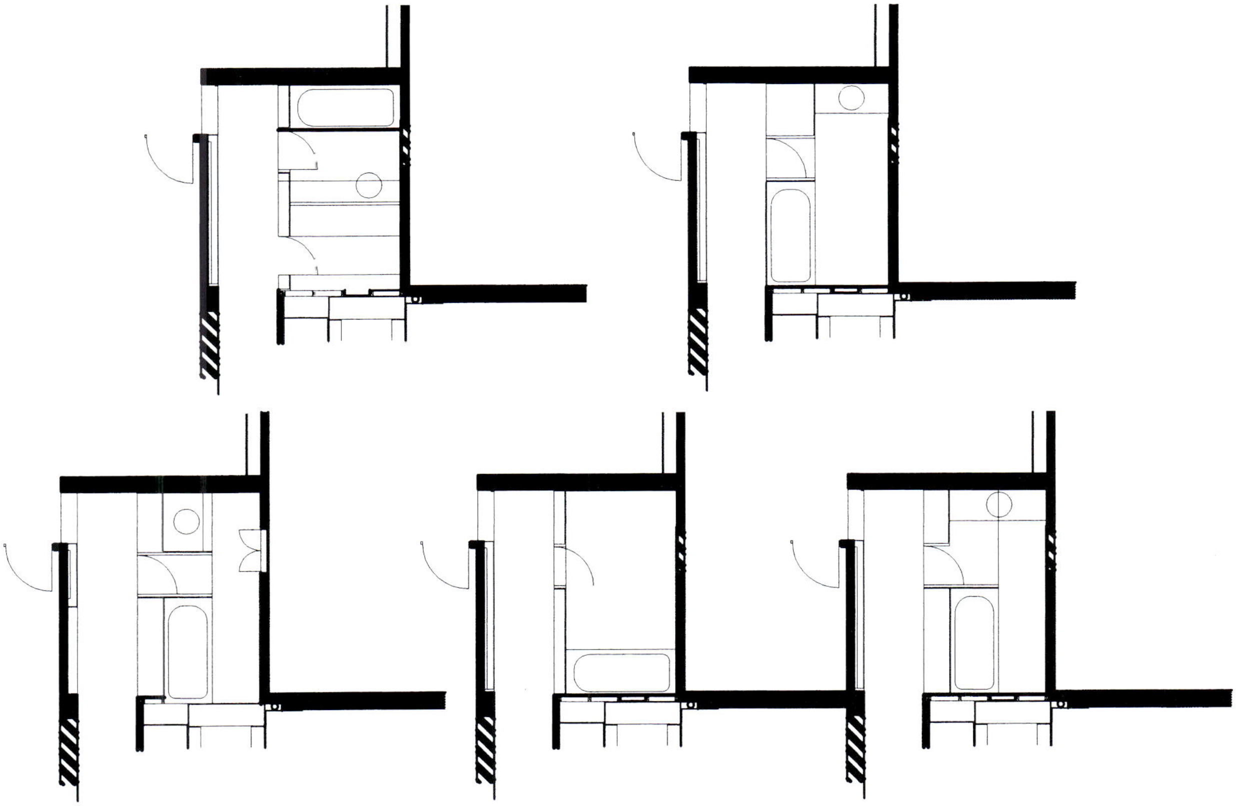

Bathroom layout studies

Loft in Jersey City

Abelow Connors Sherman

© Michael Moran
Jersey City, New Jersey, USA

Auftraggeber bei diesem Projekt war ein Musiker, der die Nutzung von Wohnraum, Büro und Aufnahmestudio innerhalb eines Gebäudes miteinander vereinbaren wollte. Für die Erfüllung dieser Ansprüche wurden Räumlichkeiten umgestaltet, die ehemals als Lagerhaus und Pferdestall dienten - diese ursprüngliche Funktion wird nun auf dezente Weise durch die weiterhin vorhandenen Ziegelmauern, das hölzerne Fachwerk und das Schrägdach angedeutet. Zu der großzügig-luftigen Atmosphäre der neuen Loft-Räume tragen Verbindungen zwischen den drei unterschiedlich genutzten Ebenen bei.

The client on this project was a musician who wanted to enjoy all the advantages of a conventional home, office, and a recording studio. These requirements were creatively developed in a space that had been used as a warehouse and a stable for horses, and that still preserved its brick walls, the framework of wooden beams, and the slanted ceiling. The spacious character of the new loft allowed connections between the three levels where the different rooms were situated.

Le propriétaire de ce loft est un musicien qui souhaitait vivre dans un lieu cumulant les avantages d'une maison classique, d'un bureau et d'un studio d'enregistrement. Cet impressionnant cahier des charges a pu être satisfait et mis en scène au sein d'un espace ayant servi à la fois d'entrepôt et d'écurie. Les architectes ont su mettre en valeur les murs de brique, les poutres en bois et le toit mansardé. Spacieux, ce loft est agrémenté d'escaliers et de passerelles qui assurent autant de communication entre les trois niveaux dédiés aux différentes pièces.

De opdrachtgever was in dit geval een musicus die een combinatie wilde van woonruimte, een kantoor aan huis en een opnamestudio. Deze eisen zijn creatief ingepast in een voormalig pakhuis annex paardenstal. De bakstenen muren, de houten balken en het schuine dak zijn behouden. Het ruime karakter van de nieuwe atelierwoning bood kansen om de drie verdiepingen met hun verschillende functies goed te integreren.

Für die Gestaltung wurden ganz unterschiedliche Materialien zum Einsatz gebracht, wobei Stahl und Holz dominieren.
The project designers chose to work with very diverse materials, among which steel and wood predominate.
Les architectes en charge du projet ont choisi de recourir à des matériaux très variés, parmi lesquels prédominent l'acier et le bois.
De ontwerpers hebben gekozen voor het gebruik van uiteenlopende materialen, maar overwegend voor staal en hout.

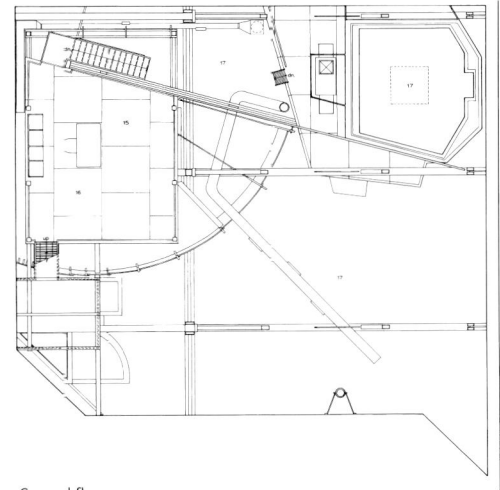

Ground floor

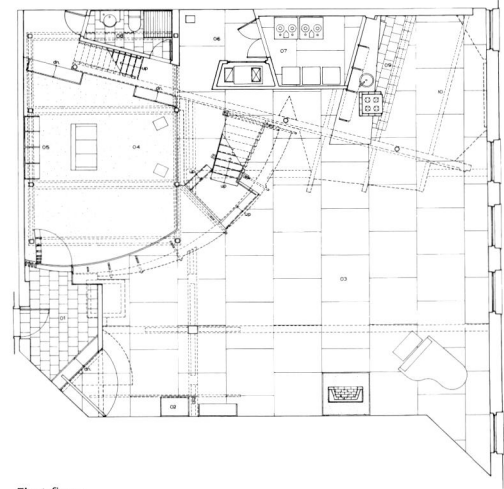

First floor

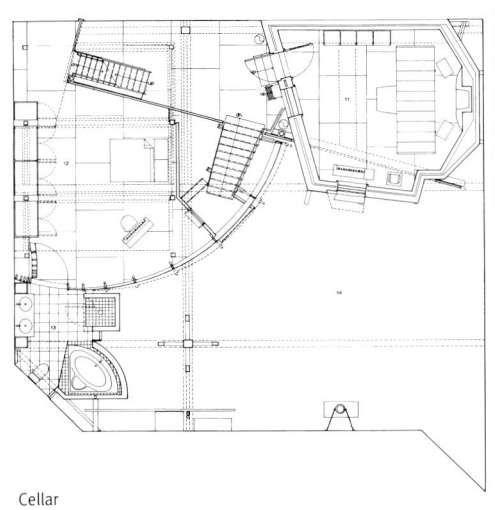

Cellar

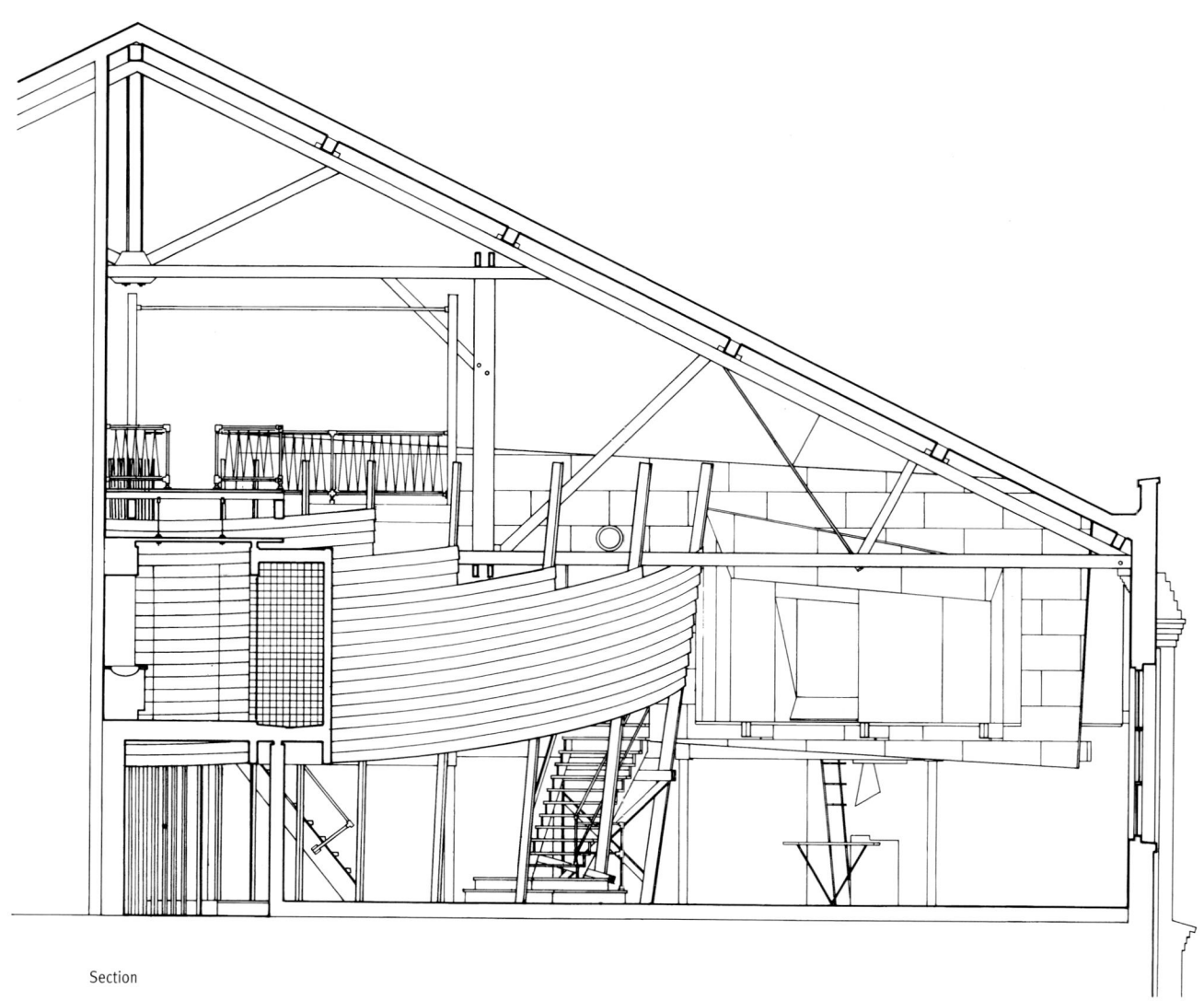

Section

Die durch das Oberlicht erzeugte Helligkeit setzt die architektonischen Elemente auf eindrucksvolle Weise in Szene.
The light that flows through the skylight puts the different elements in striking relief.
Les fenêtres mansardées diffusent une lumière naturelle qui met véritablement en relief les différents éléments architecturaux.
Het licht dat binnenvalt door de dakramen verleent de verschillende elementen een opvallend reliëf.

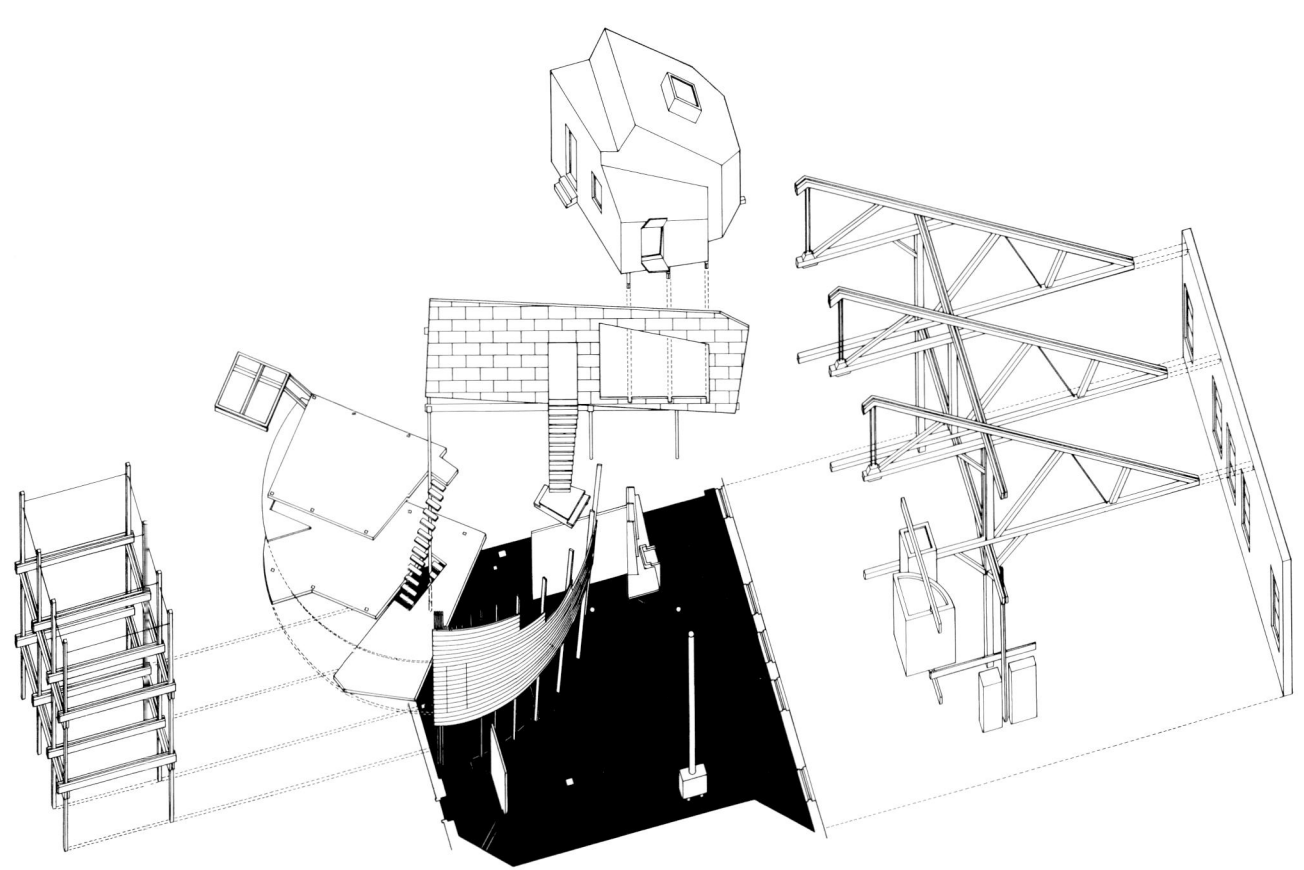

Axonometric

ISN House

OGRIS:WANEK ARCHITECTS

© Ferdinand Neumüller
Klagenfurt, Austria

Bei der Renovierung dieses Wohnhauses wurde das traditionelle Erscheinungsbild des der Straße zugewendeten Gebäudeteils erhalten, während der nur für die Bewohner sichtbare hintere Bereich eine deutliche Umgestaltung erfuhr. Die Kombination aus Erhaltung des ursprünglichen Gebäudecharakters und Einsatz auffälliger Formen und Farben ist ein hervorragendes Beispiel dafür, dass es auch ohne tiefgehende Änderungen möglich ist, einem Wohnviertel eine individuelle Note zu geben.

When faced with the renovation of this home, the architects defended the concept of maintaining the traditional image that is seen from the street, while at the same time designing a more evident renovation at the back, visible only to the family. This willingness to not violate the structure paired with the striking forms and colors of the back turn this project into an example of how residential neighborhoods can be given character without having to make drastic changes.

Les architectes qui se sont vu confier ce projet de rénovation ont choisi de garder intacte la façade de la maison sur la rue et de concentrer leurs efforts sur la partie arrière, visible des seuls résidents. Ce projet est exemplaire par son double souci d'intégrer visuellement la maison dans son environnement urbain très classique et de lui apporter une vraie originalité de formes et de couleurs. Il est donc bel et bien possible de conférer un caractère hors norme à une maison résidentielle sans pour autant la modifier de fond en comble.

De architecten die opdracht kregen voor de verbouwing van dit woonhuis hebben er alles aan gedaan om de voorgevel te behouden. Aan de achterkant, die alleen zichtbaar is voor de bewoners, is wel gemoderniseerd. De bereidheid om het aanzien van het gebouw deels intact te laten en het opvallende gebruik van vorm en kleur aan de achterzijde zijn een schoolvoorbeeld van de manier waarop woonwijken karakter kunnen krijgen zonder dat daarvoor drastische veranderingen hoeven te worden aangebracht.

Mit traditionellen Techniken und Materialien wird eine originelle äußere Form geschaffen - diese Strategie hebt das Gebäude aus den umliegenden Häusern hervor.
A novel form, created using traditional techniques and materials, stands out from the rest of the surrounding buildings.
L'architecture de cette nouvelle pièce, qui fait appel à des techniques et des matériaux de construction traditionnels, se distingue des bâtiments avoisinants par son style innovant.
Dit nieuwe vormelement, gerealiseerd met traditionele technieken en materialen, valt op tussen de omringende panden.

Model

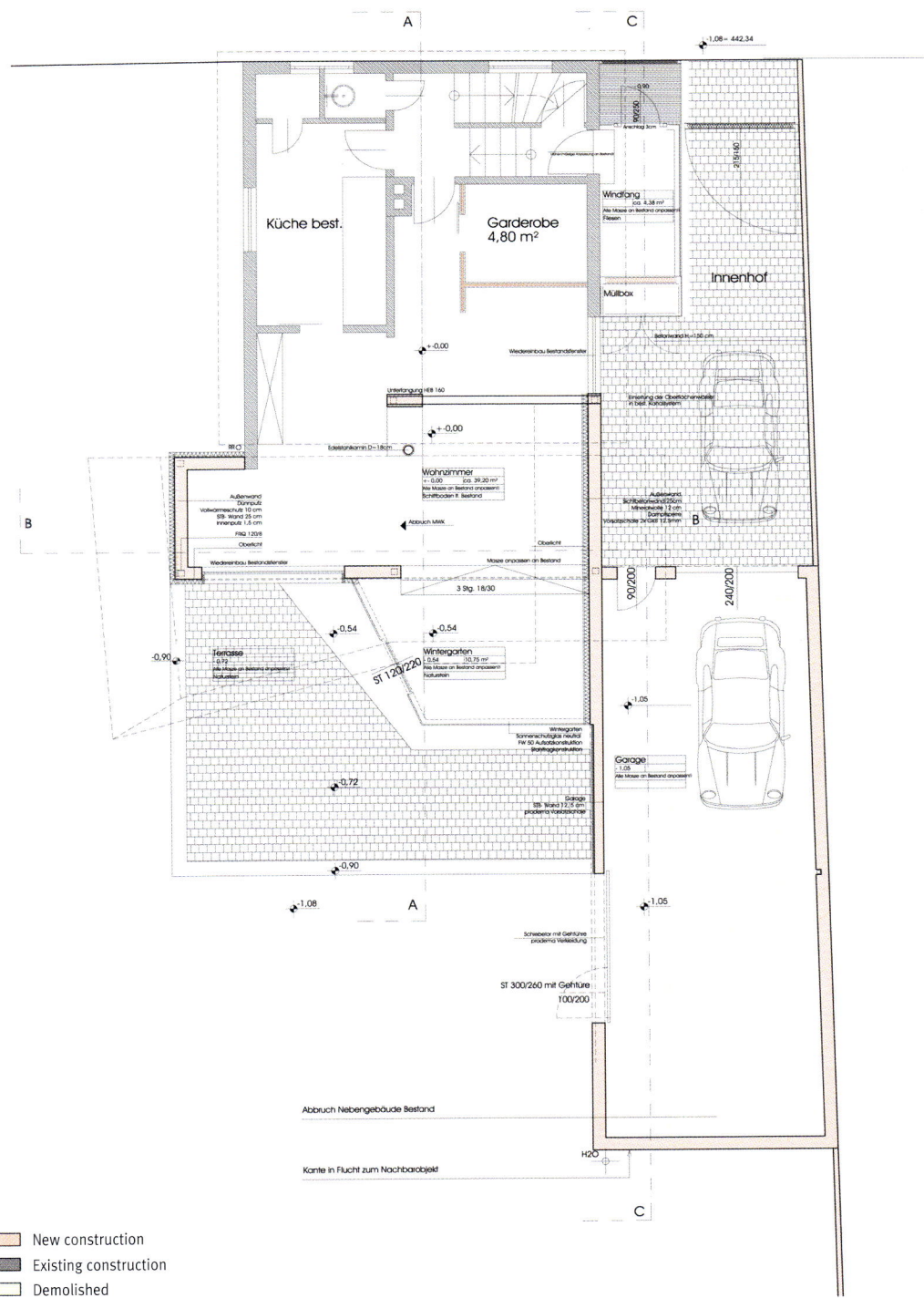

Ground floor

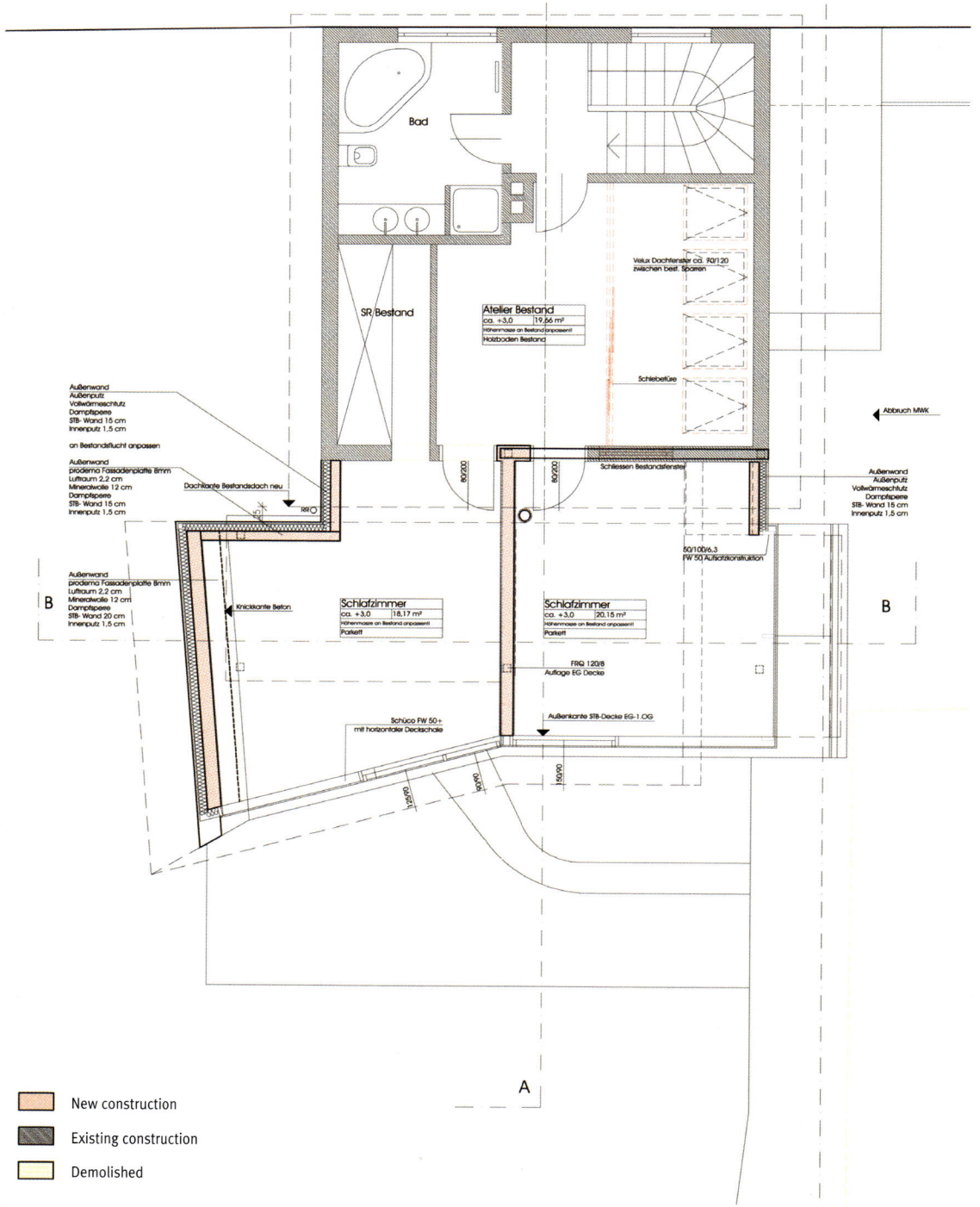

First floor

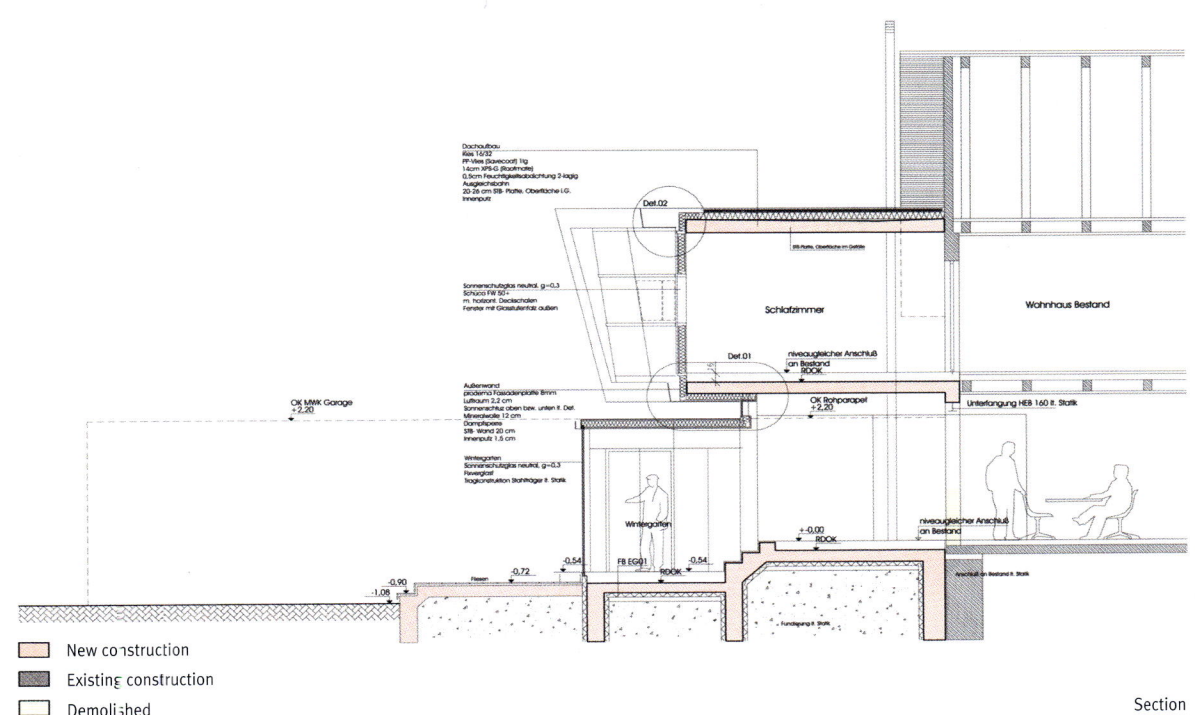

☐ New construction
▨ Existing construction
☐ Demolished

Section

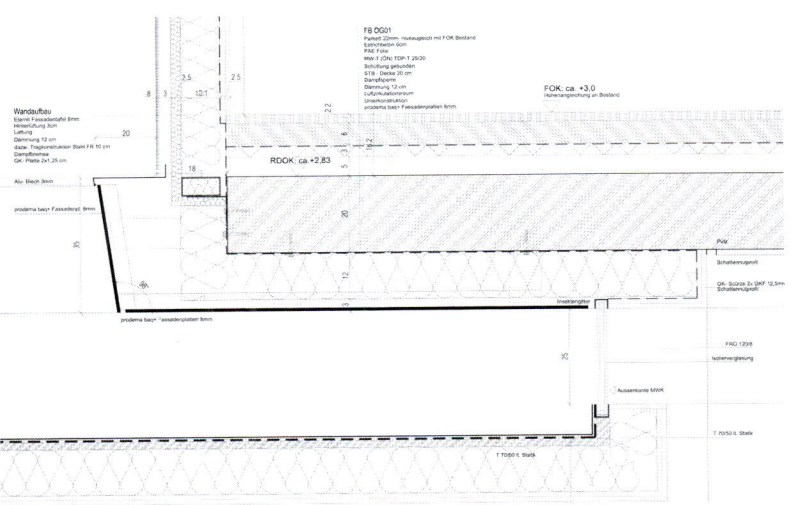

Roof construction detail

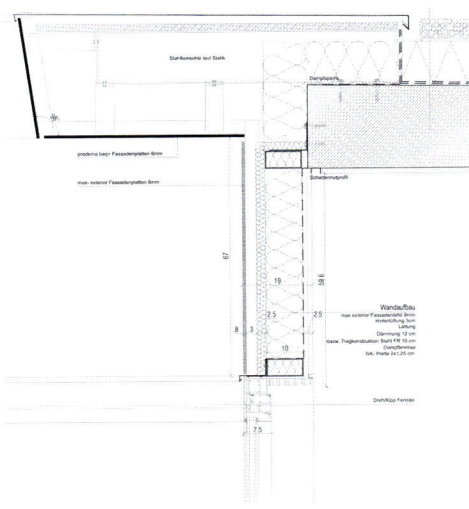

Wall construction detail

ISN House | 33

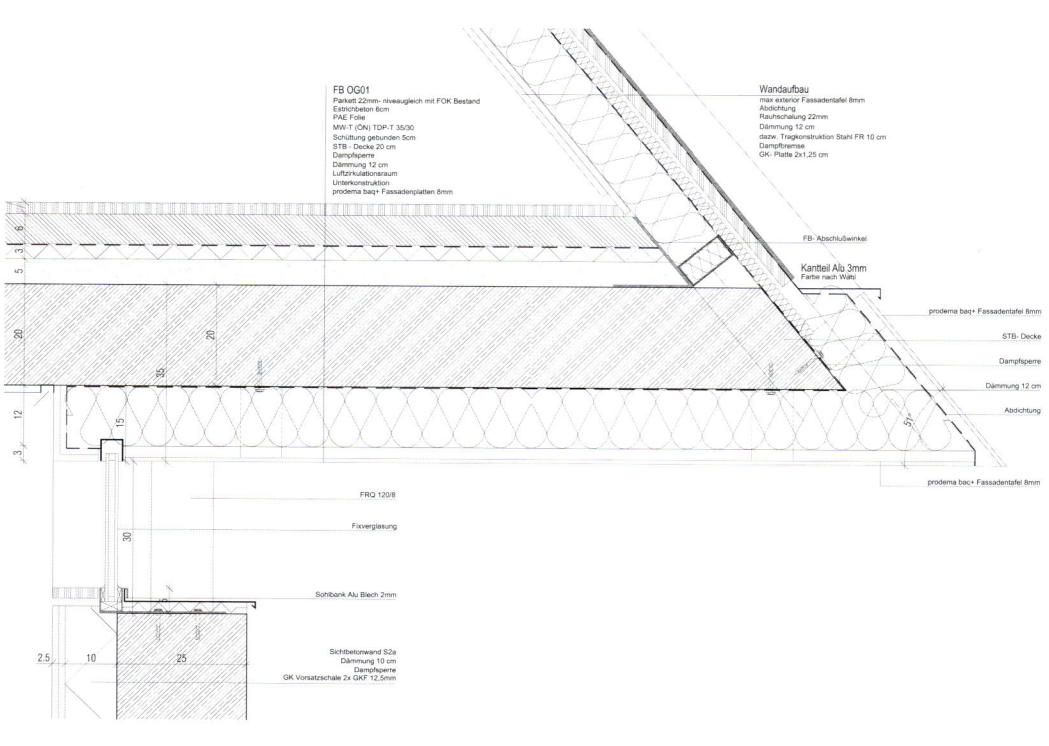

Wall construction detail

New construction

Existing construction

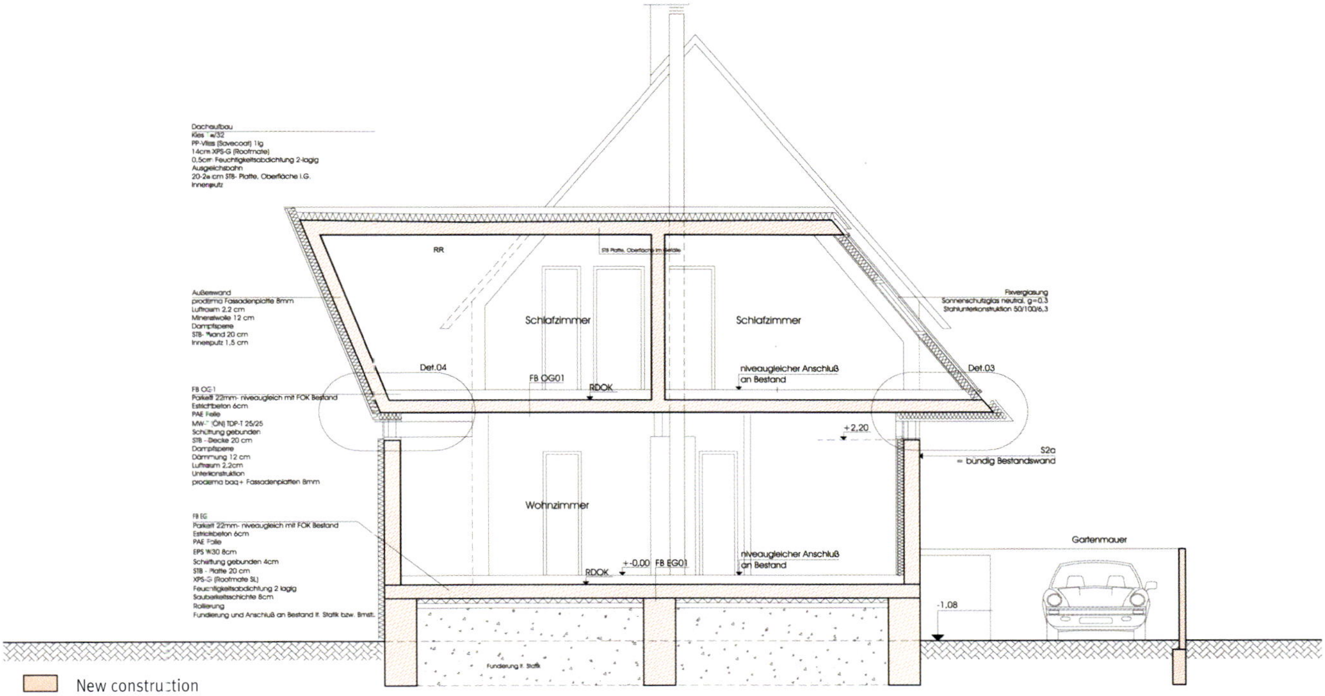

Section

Wall construction detail

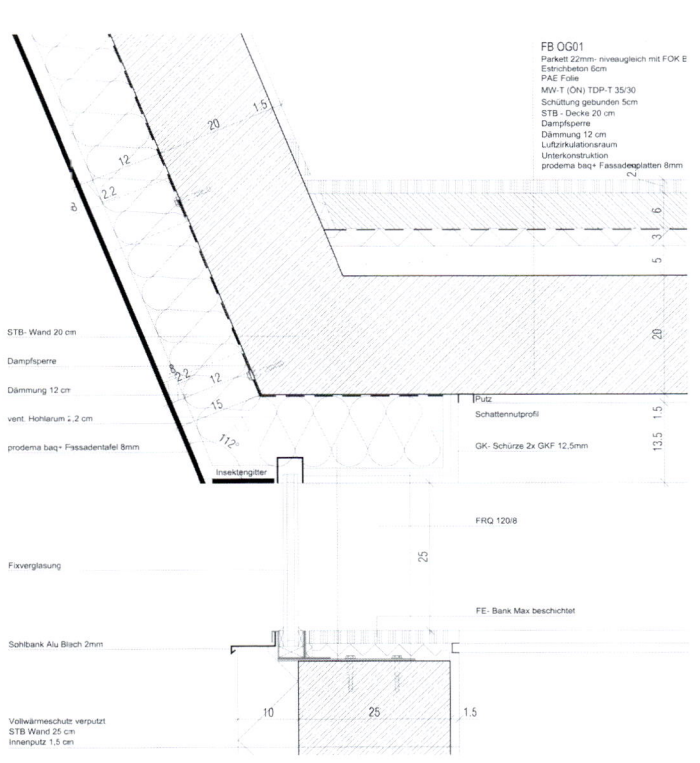

Elevation

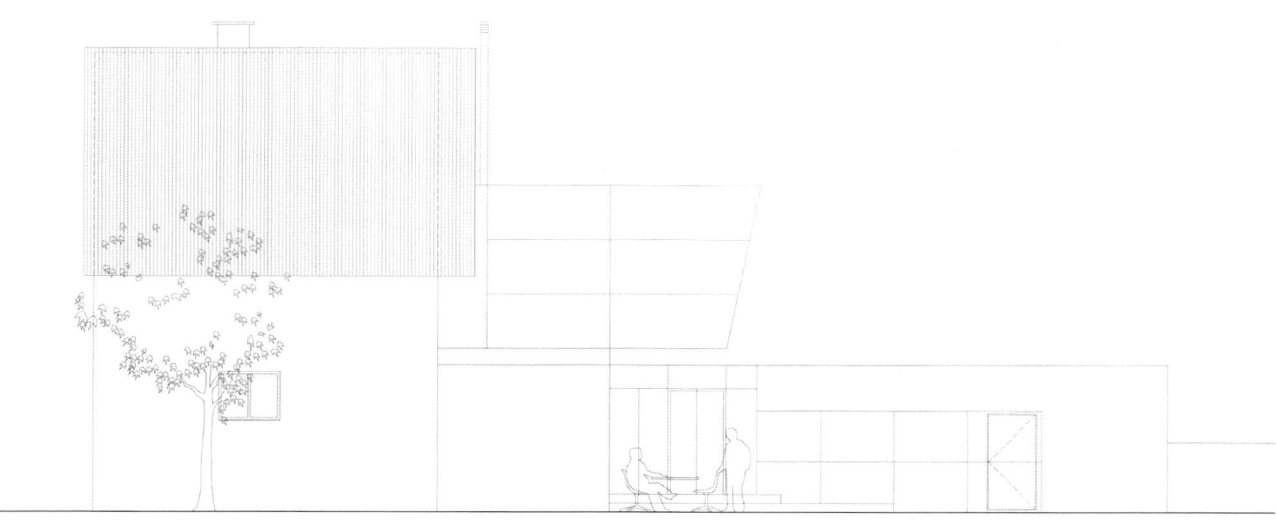

Elevation

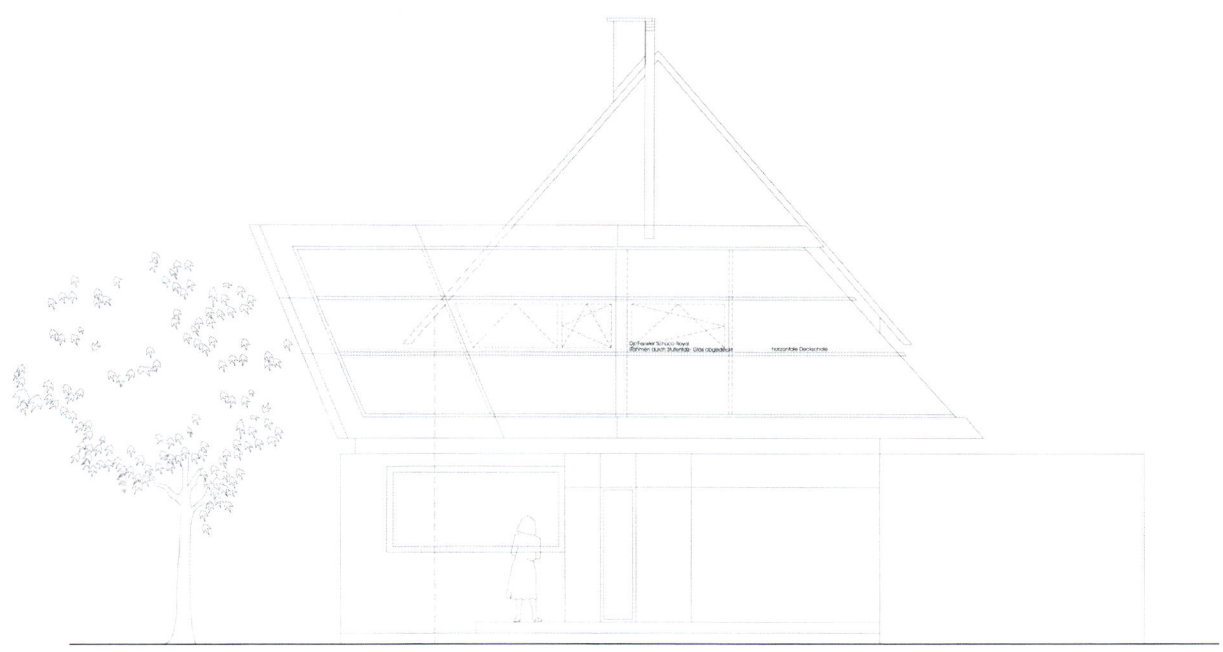

Elevation

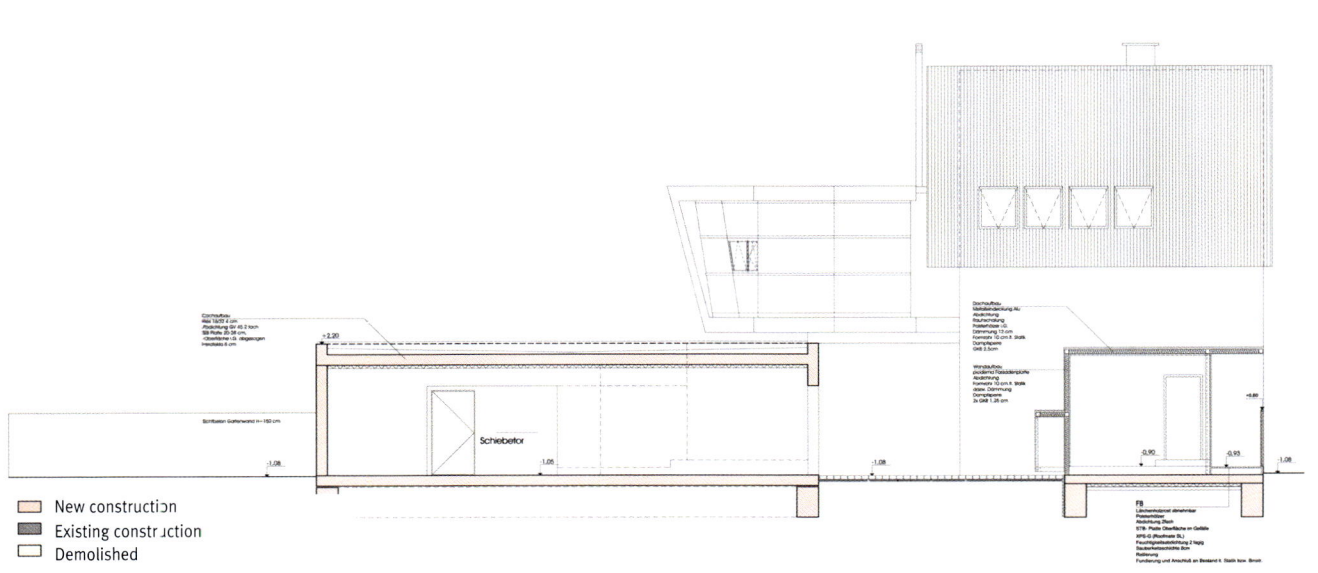

☐ New construction
■ Existing construction
☐ Demolished

Longitudinal section

ISN House | 37

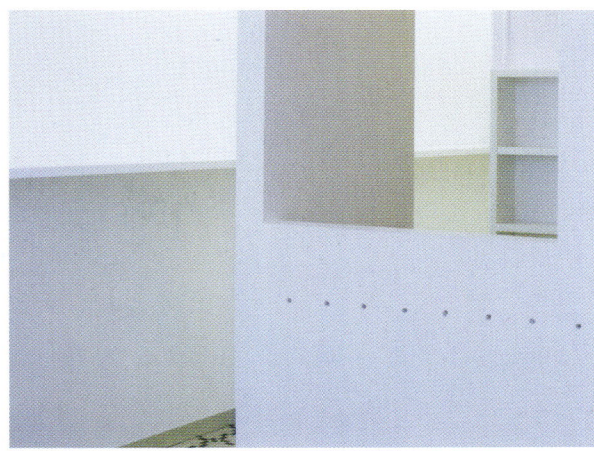

Apartment in Sant Andreu

Agustí Costa

© David Cardelús
Barcelona, Spain

Die Lichtverhältnisse waren eines der großen Probleme, die hier bewältigt werden mussten. Die einzigen Räume mit Tageslicht waren das Wohnzimmer und das Atelier, gelegen an den entgegengesetzten Enden eines langen Flurs. Die in die Wände eingefügten Öffnungen erfüllen nun zwei Funktionen: Einerseits werden die einzelnen Räume miteinander verbunden, andererseits das eindringende Tageslicht in die entferntesten Winkel des Hauses gebracht. Zur Beleuchtung des Flurs wurde eine Reihe fluoreszierender Lampen über die gesamte Länge angebracht.

Lighting was one of the problems that had to be resolved; the only rooms with natural light were the living room and the studio, located at each end of a long hallway. Various openings were made in the walls to create more of a sense of space and communication and to allow natural light to reach even the remotest areas of the house. The lighting of the long hallway was resolved with a line of fluorescent lights along its length.

L'éclairage a été un problème majeur dans le cadre de ce projet de rénovation, les seules pièces bénéficiant d'une lumière naturelle étant le salon et le bureau, deux pièces localisées aux extrémités d'un appartement tout en longueur. Des ouvertures ont été pratiquées dans les cloisons afin de favoriser la communication entre les espaces et la diffusion de la lumière naturelle jusque vers les pièces « aveugles », créant de surcroît une sensation de profondeur. Le problème de l'éclairage du hall a été résolu par l'installation d'une ligne de spots fluorescents sur toute sa longueur.

Een probleem dat hier moest worden opgelost, was de lichtinval; de enige kamers met daglicht waren de woonkamer en de werkruimte, gelegen aan tegenovergelegen zijden van een lange gang. Er werden openingen in de muren gemaakt om een groter gevoel van ruimte en openheid te creëren en om zelfs de meest afgelegen delen van het huis van daglicht te voorzien. De belichting van de lange gang is opgelost met een rij tl-lampen.

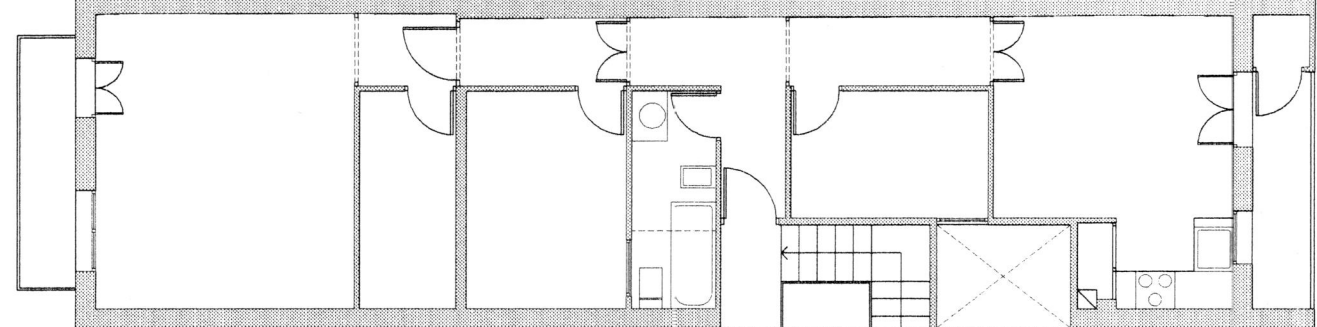

Previous floor plan

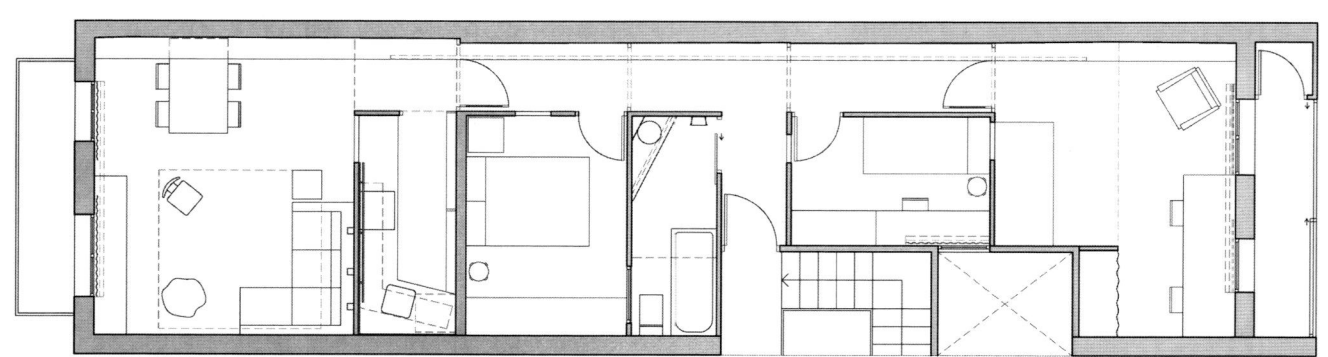

Current floor plan

40 | Apartment in Sant Andreu

Die kleinen Fenster ermöglichen Lichteinfall im Schlafzimmer sowie die Möglichkeit, aus verschiedenen Perspektiven in die Räume hineinzuschauen.
The small windows created in the interior wall give light to the bedroom and allow different views between the rooms.
Les petites ouvertures créées dans les murs apportent de la lumière dans la chambre et offrent aux pièces perspective et profondeur.
De raampjes die in de binnenmuur zijn aangebracht, verlichten de slaapkamer en zorgen voor doorkijkjes tussen de kamers.

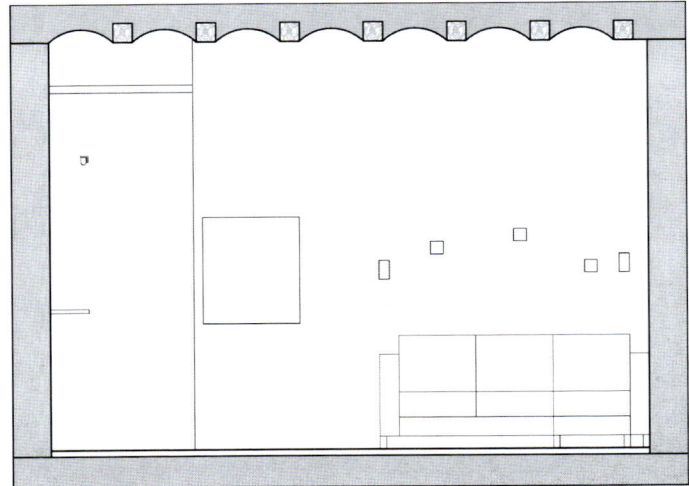

Section of living room

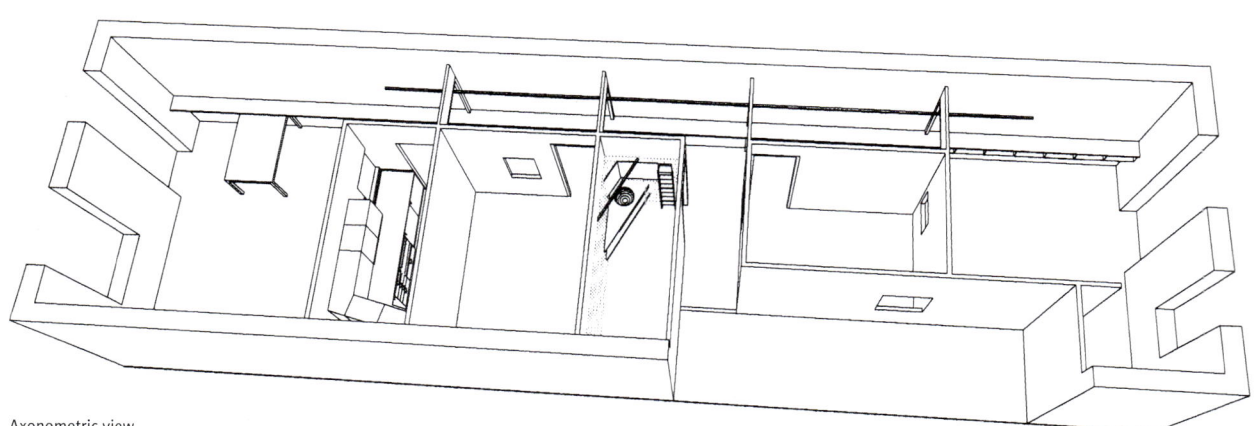

Axonometric view

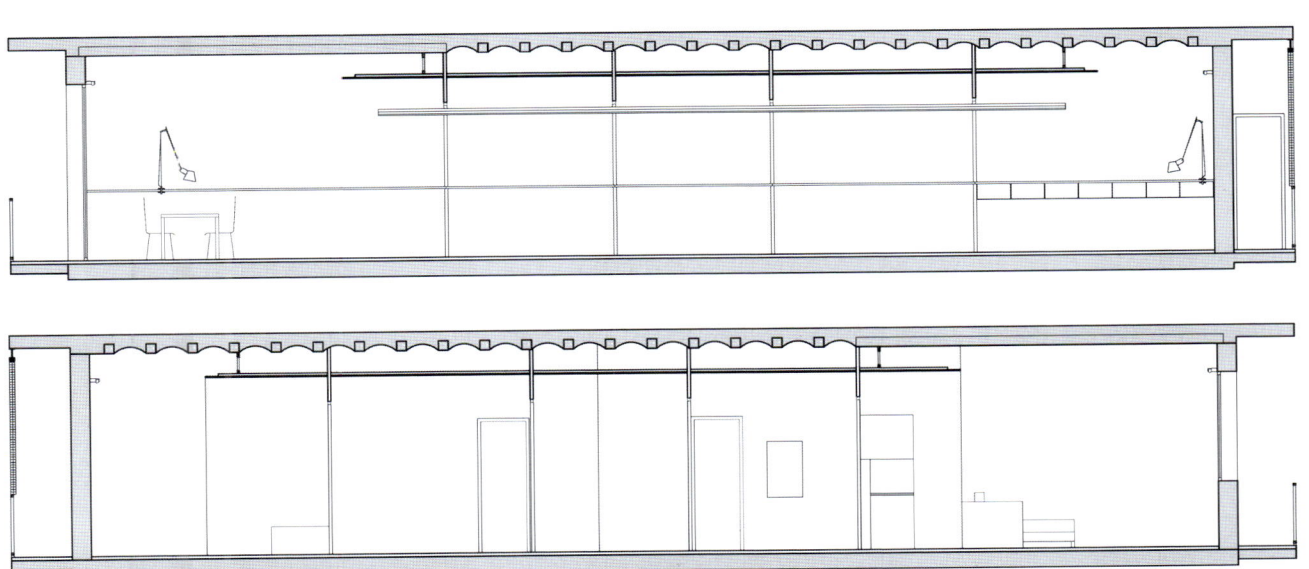

Longitudinal sections

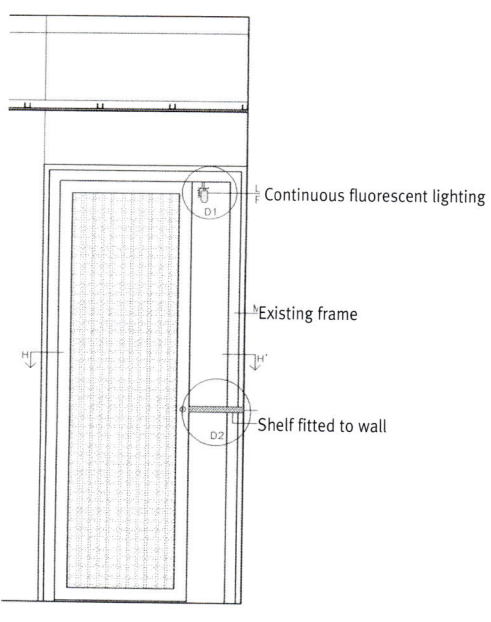

Section

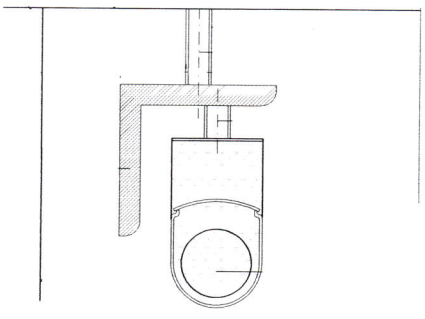

Fluorescent construction detail

- Continuous fluorescent lighting
- Existing frame
- Shelf fitted to wall

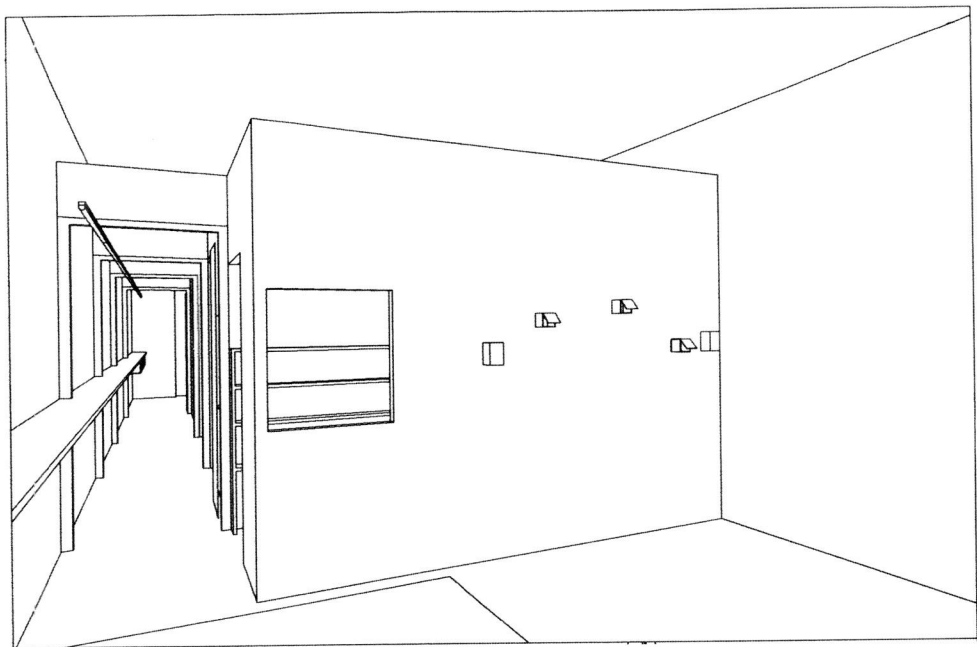

Perspective from living room

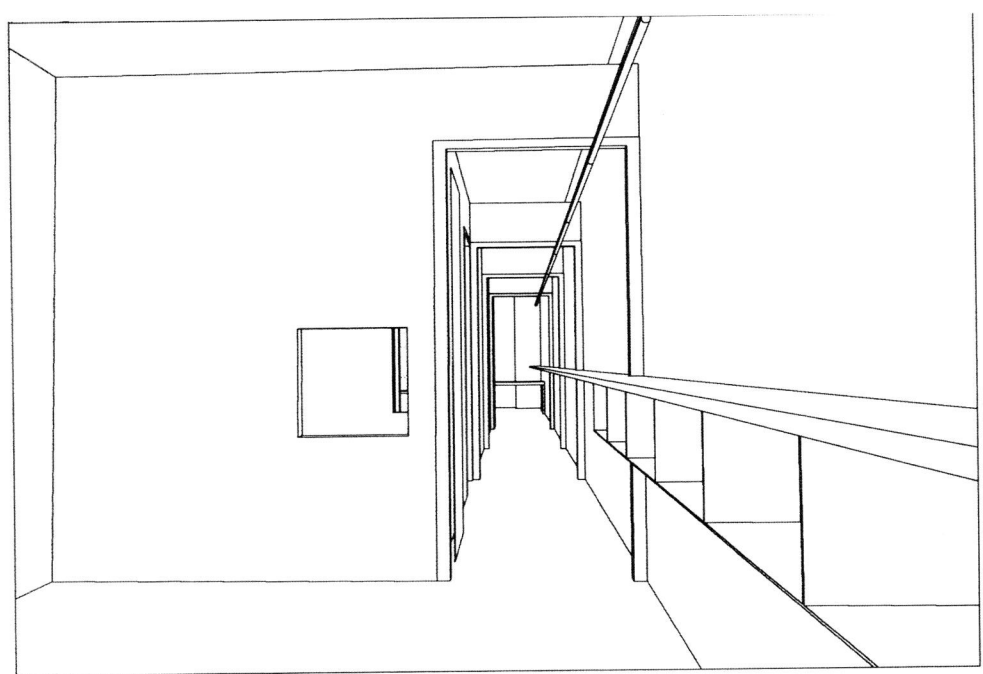

Perspective from studio

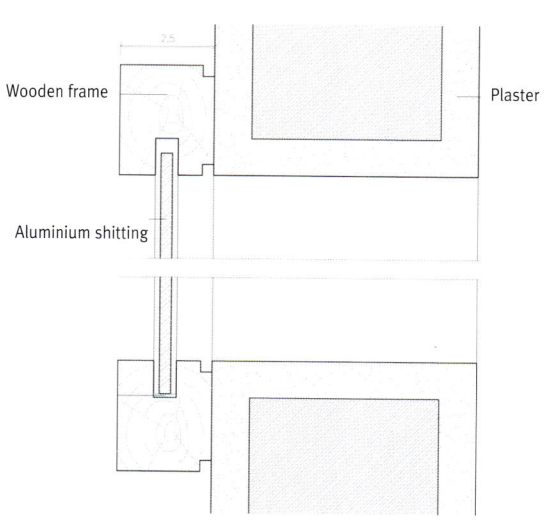

Wooden frame   Plaster

Aluminium shitting

Detail of interior structure

Elevation

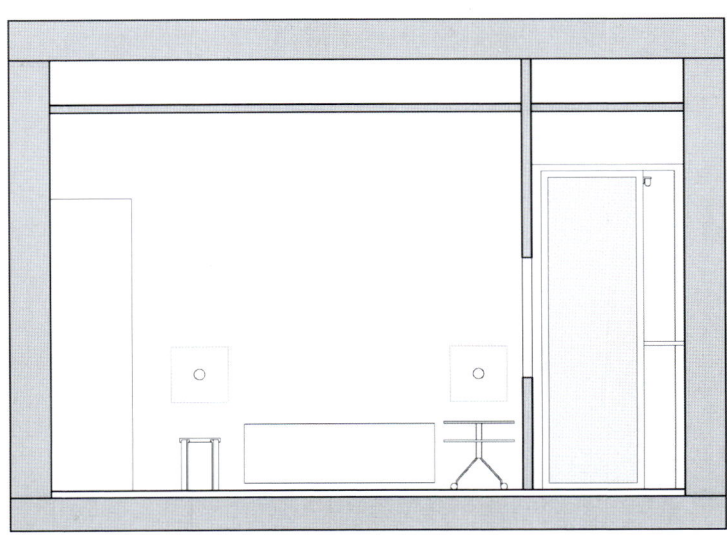

Section

BENTO BOX APARTMENT

PROCTER & RIHL

© NATHAN WILLOCK
LONDON, UNITED KINGDOM

Der Nachteil dieses Apartments war die unvorteilhafte Einteilung, bedingt vor allem durch eine unpraktische Treppe sowie eine im Vergleich zur Grundfläche der Wohnung viel zu große Terrasse. Um den Raum besser auszunutzen, wurde die Einteilung umgekehrt: Die Küche und das Wohnzimmer wurden in die obere Ebene verlegt, während Eingang, Badezimmer und Atelier ihre Plätze in der unteren Etage erhielten. Es fand also eine komplette Umstrukturierung des Apartments statt. Hinzu kommt, dass Teile der Fassade umgestaltet wurden und die Decke eine Wärmedämmung bekam.

This apartment was poorly designed, with an uncomfortable stairway and a terrace that was too big. compared to the size of the apartment. In order to take more advantage of the space, the apartment was reversed, putting the kitchen and living room on the upper level while the bedroom, entryway, bathroom, and studio were placed on the lower level. The apartment was thus remodeled completely including parts of the façade and adding thermal insulation in the ceiling.

Cet appartement était initialement très mal conçu : escaliers malcommodes et terrasse disproportionnée par rapport à la surface habitable. Afin d'optimiser l'utilisation de l'espace, la rénovation a consisté en une redistribution totale des pièces. La cuisine et le salon ont intégré l'espace supérieur tandis que le hall d'entrée, la chambre, la salle de bains et le bureau occupent désormais l'espace inférieur. Cette rénovation a notamment compris la transformation d'une partie de la façade et l'isolation thermique du toit.

Dit appartement was slecht ontworpen, met een onhandige trap en een terras dat te groot was in vergelijking met het vloeroppervlak van het appartement. Voor een betere indeling van de ruimte is het appartement omgedraaid. De keuken en de woonkamer zijn naar de bovenverdieping verplaatst, de slaapkamer, hal, badkamer en een werkkamer liggen nu beneden. Het appartement is volkomen vernieuwd, evenals delen van de gevel. In het plafond is isolatiemateriaal aangebracht.

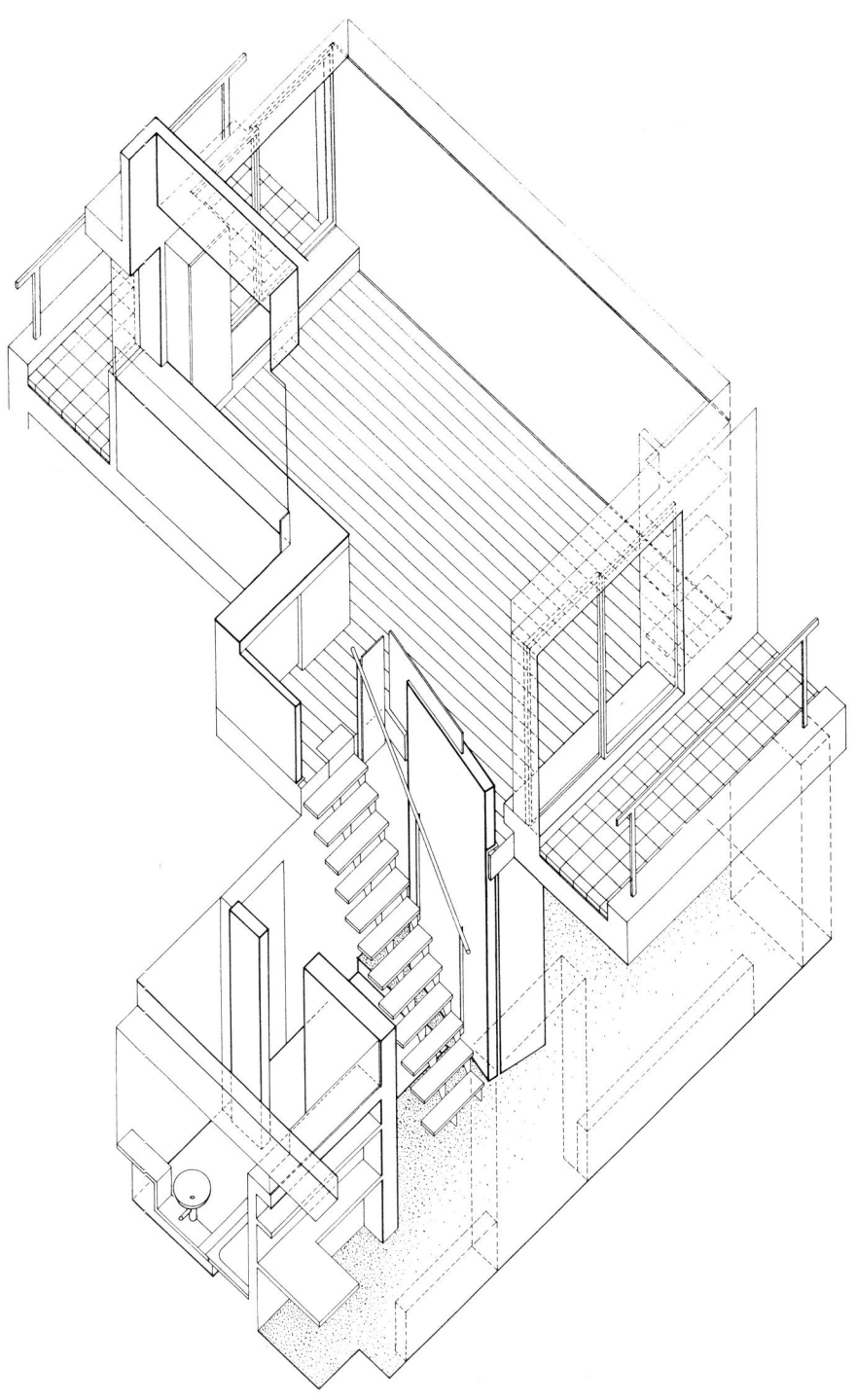

Axonometry

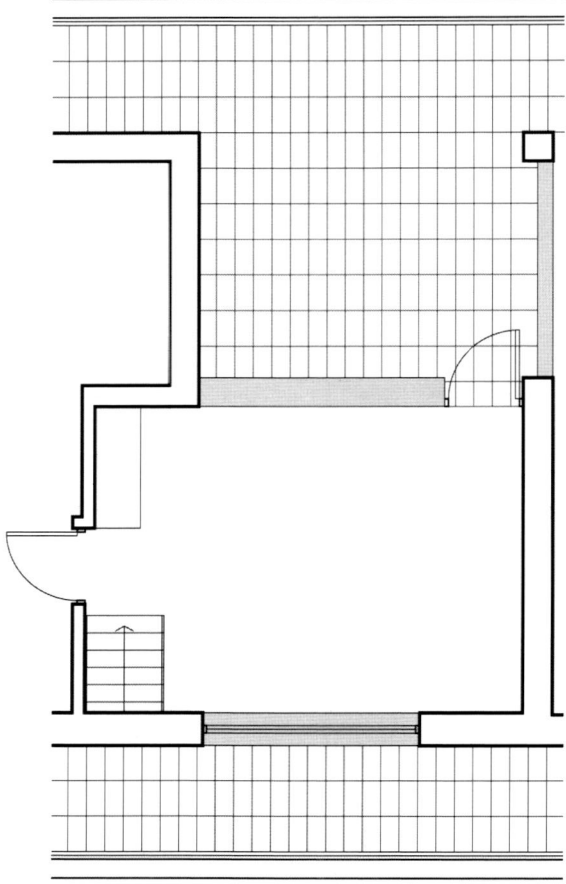

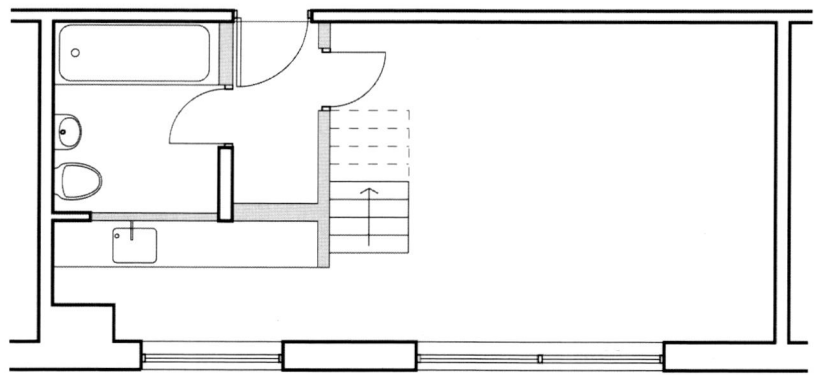

Floor plans prior to reform

Die maßangefertigten Tische integrieren sich wunderbar in den Raum.
The custom-made tables were designed to be graceful elements within the space.
Les tables, réalisées sur commande, ont été conçues pour s'intégrer de manière esthétique et fonctionnelle dans l'appartement.
De tafels zijn speciaal ontworpen als elegante details in deze ruimte.

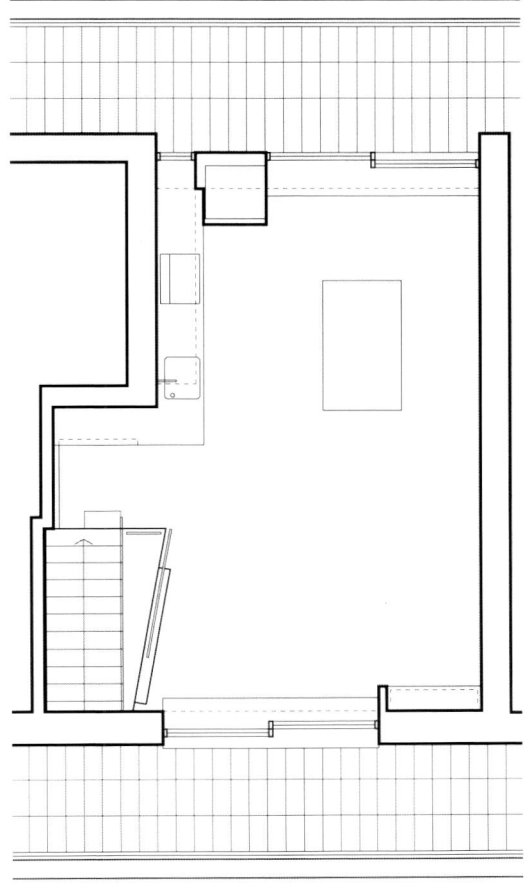

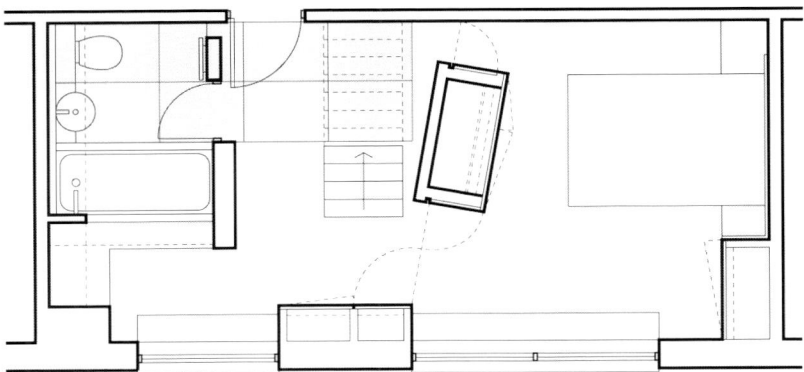

Plans

House in Tiana

Alfons Soldevila

© Jordi Miralles
Tiana, Spain

Um dieses alte Bauernhaus in einen Wohnraum zu verwandeln, der modernen Ansprüchen genügt, musste eine radikale Umgestaltung des Grundrisses erfolgen. Bei der Renovierung wurde eine Neugestaltung mit der bereits existierenden Struktur harmonisch vereint. Die langen Fassaden blieben komplett erhalten, während die kurzen, zum Meer hin gelegenen Mauern riesige Fenster erhielten - ein Vorhaben, das leicht umzusetzen war, da es sich hierbei nicht um tragende Wände handelte. Die Fenster verfügten über Vorrichtungen, die es erlaubten, diese schnell und einfach ins Mauerwerk einzulassen.

A radical change in the layout was required to transform this old farmhouse into a home and adapt it to modern requirements. The renovation adapted the new design to the existing structure; the long façades were all conserved while the short ones, oriented towards the sea received large windows, a relatively simple task since the brick walls were not load bearing. The windows were installed with channels that could quickly and easily be attached to the brickwork.

Cette maison a été aménagée dans un ancien corps de ferme ayant nécessité une véritable transformation pour devenir un lieu de vie fonctionnel et sophistiqué. Le projet de rénovation a pris en compte la structure initiale. Les grandes façades ont été conservées tandis que les plus petites, surplombant la mer, ont été enrichies de vastes fenêtres. Le percement de ces nouvelles ouvertures n'a pas posé de problèmes techniques car les murs extérieurs de briques n'étaient pas porteurs. De plus, le choix du modèle des fenêtres a été guidé par un souci de facilité de pose.

Er was een radicale herindeling voor nodig om deze oude boerderij te verbouwen tot woonhuis en hem aan te passen aan moderne wooneisen. Het nieuwe ontwerp werd aangepast aan het bestaande gebouw; de lange buitenmuren zijn behouden, terwijl de korte bakstenen muren aan de zeekant werden voorzien van grote ramen een relatief eenvoudige ingreep, aangezien het geen dragende muren waren. Er is gekozen voor kozijnen die snel en gemakkelijk in de baksteen konden worden gevoegd.

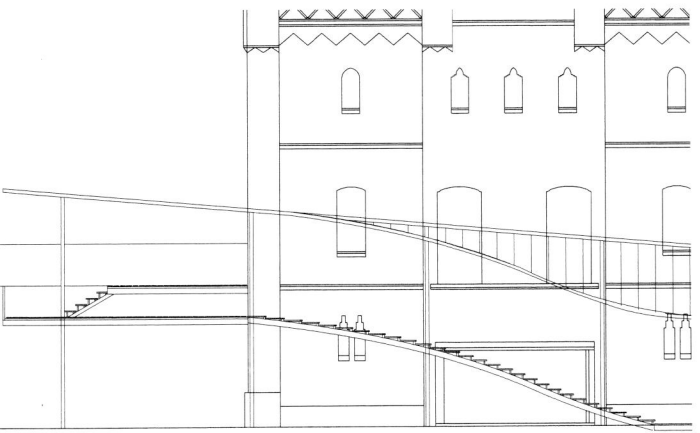

Detail of pergola

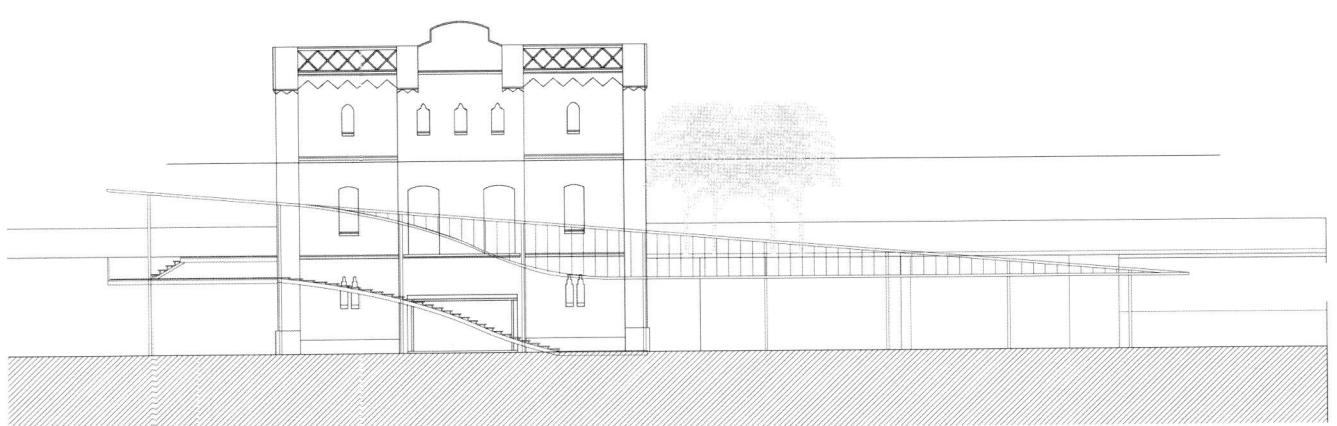

Elevations

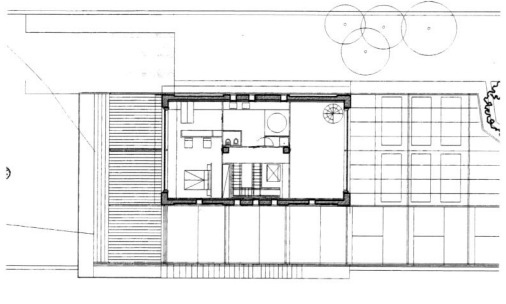

Second floor

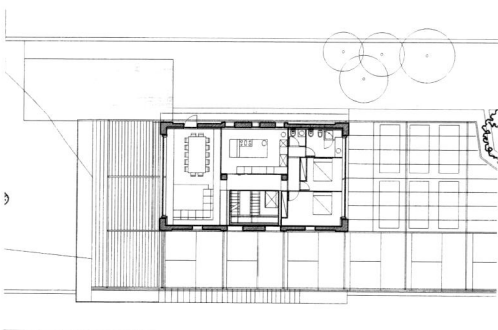

First floor

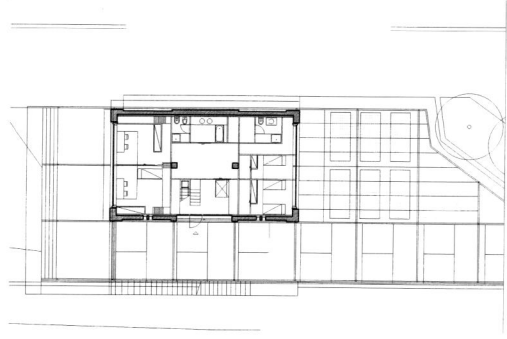

Ground floor

60 | HOUSE IN TIANA

Die luftige Konstruktion der Treppe erlaubt den Einfall von Tageslicht und dient als Verbindungselement zwischen den Ebenen.
The light stairway allows natural light to flow and acts as a communicating space between the different levels.
L'escalier, dont la structure légère favorise la diffusion de la lumière naturelle, joue pleinement son rôle de communication entre les différents niveaux.
Het lichte trappenhuis laat daglicht binnen en werkt als een open verbindingselement tussen de verdiepingen.

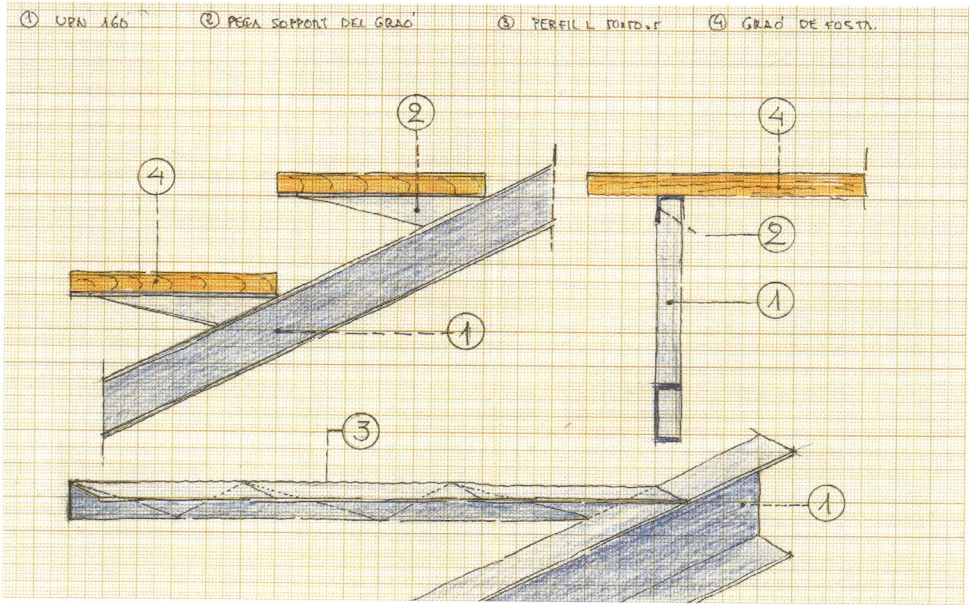

Stairway construction detail

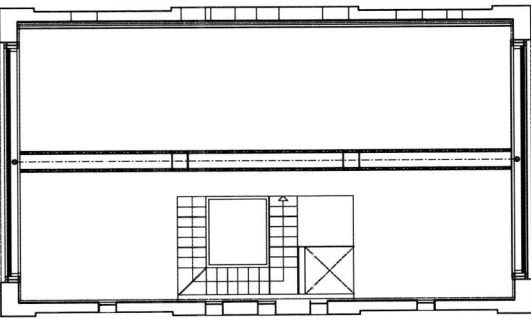

Third floor

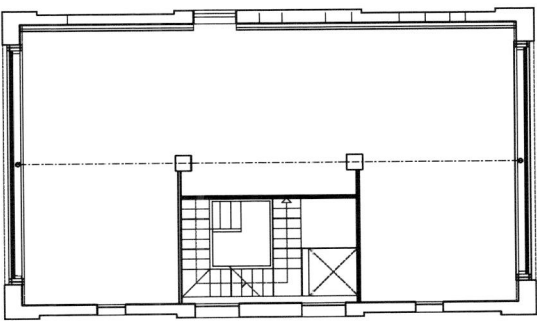

Second floor

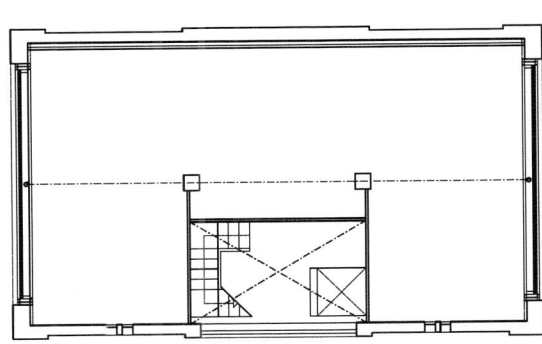

First floor

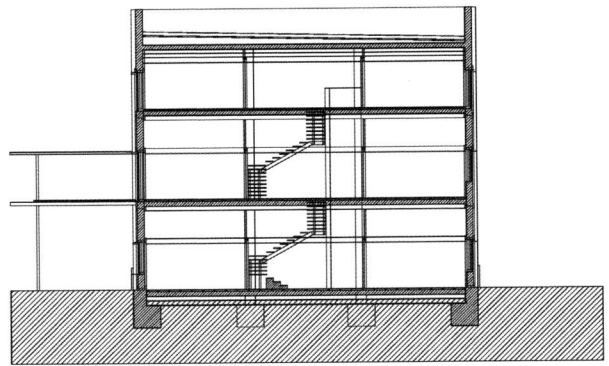

Section

House in Tiana | 63

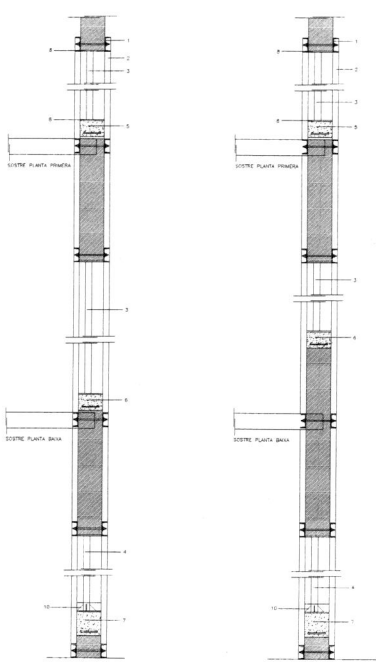

Wall construction detail

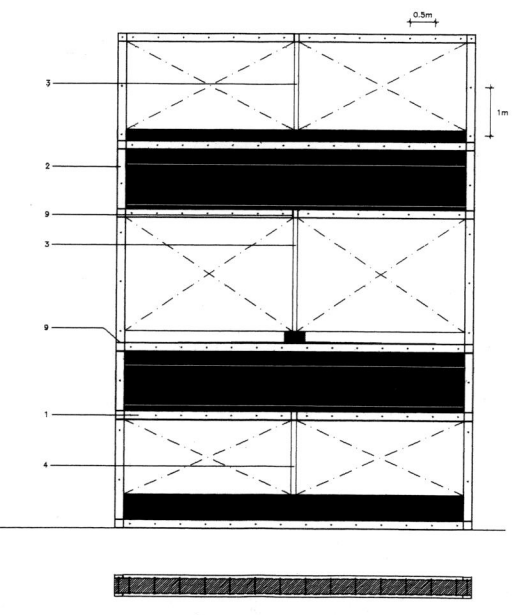
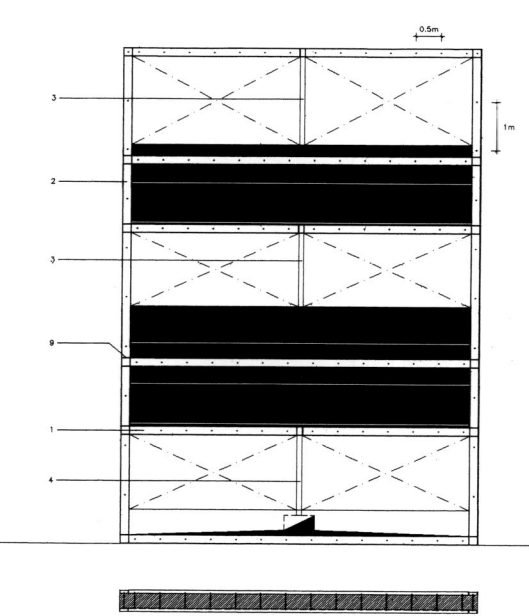

Glass wall construction detail

64 | HOUSE IN TIANA

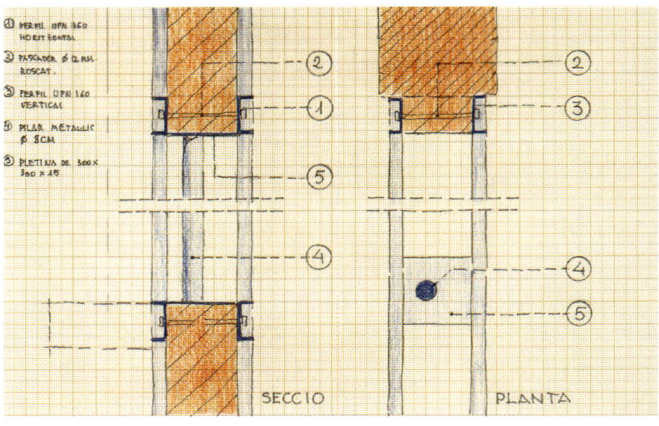

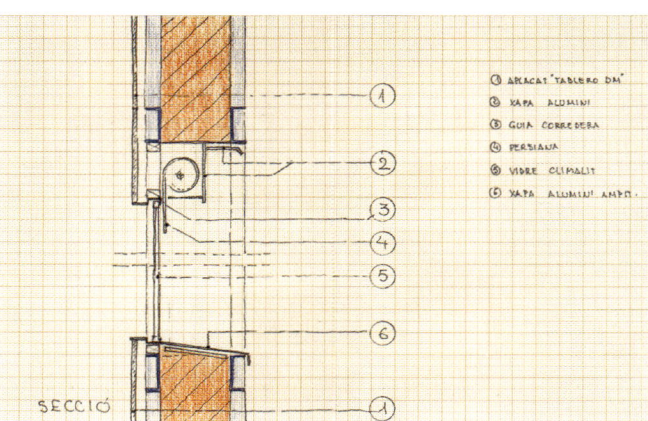

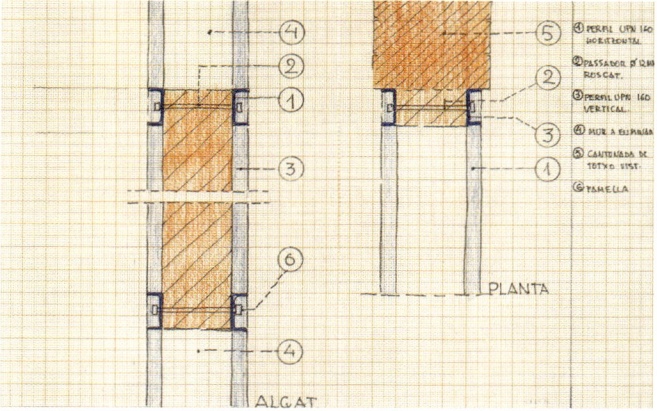

Construction details

HOUSE IN PIAZZA NAVONA

ROBERTO SILVESTRI

© ERNESTA CAVIOLA
ROME, ITALY

Bei der Renovierung und Umgestaltung dieses Gebäudes musste berücksichtigt werden, dass der Eigentümer – ein Filmregisseur – dieses sowohl als privaten Wohnraum als auch als Ort für öffentliche Aktivitäten nutzen wollte. Die traditionelle Struktur, die das Gebäude als Wohnhaus auszeichnet, wurde beibehalten. Zahlreiche neu eingefügte Durchgänge lassen den Raum offener wirken, ohne ihn zu einem einzigen großen Zimmer zu verschmelzen. Das dunkle Parkett kontrastiert mit den weißen Wänden. Die Wände aus Stahl tragen zur Schaffung einer nüchternen, aber dennoch warmen Atmosphäre bei.

The design for the renovation of this house done for a film director had to combine the requirements of a home with the public activities of the owner. The solution was a space that maintains the footprint of the structure of a traditional home, but with rooms connected by multiple openings that do not turn it into a single open space. The dark parquet contrasts with the white walls, and the steel walls add a touch of sobriety and warmth.

Le projet de rénovation et d'aménagement intérieur de cet appartement, dont le propriétaire est un réalisateur de cinéma, devait combiner les avantages d'un appartement agréable à vivre et d'un lieu propice aux réceptions. La solution choisie conserve le schéma classique de distribution des pièces, mais elle s'en distingue par la profusion des ouvertures. La gestion de l'espace se caractérise donc par un savant mélange entre cloisonnement et ouverture. Le parquet sombre contraste avec les murs blancs et les panneaux en acier dépoli ajoutent une touche de sobriété et de chaleur à l'ensemble.

Het ontwerp voor de renovatie van dit huis moest toegespitst worden op de wooneisen van de opdrachtgever – een filmregisseur – én op zijn publieke activiteiten. De oplossing werd gevonden in een ruimte die het karakter van een woonhuis behoudt, met kamers die op verschillende manieren met elkaar verbonden zijn, maar niet zo dat er sprake is van een grote, open ruimte. Het donkere parket contrasteert met de witte wanden. Stalen muren brengen een element van soberheid.

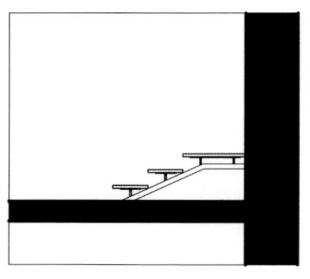

Stairway construction detail

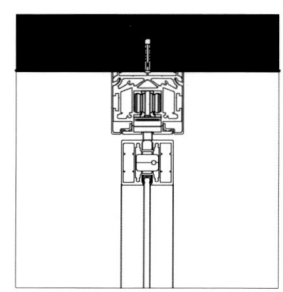

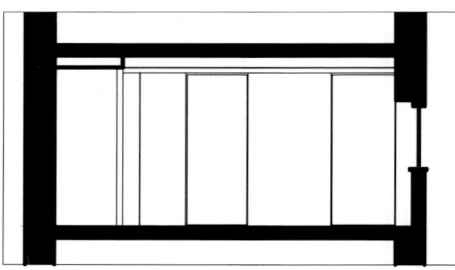

Section A-A'

Detail of sliding door

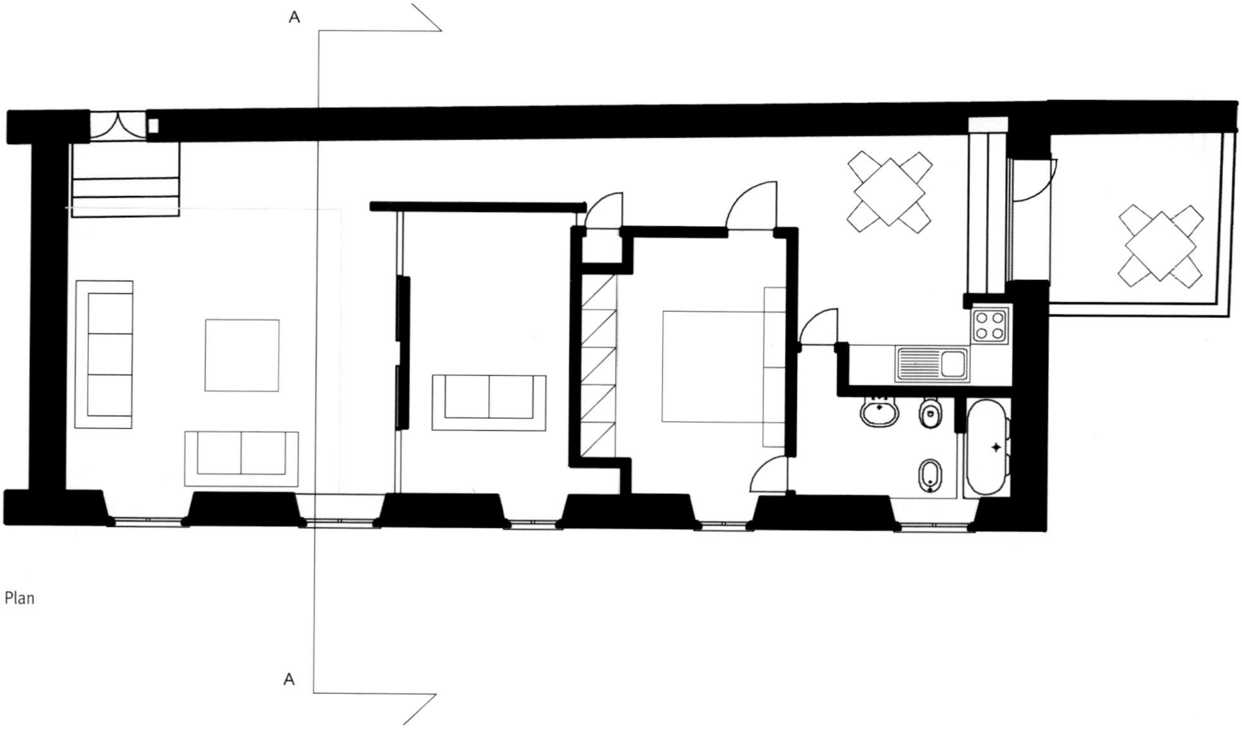

Plan

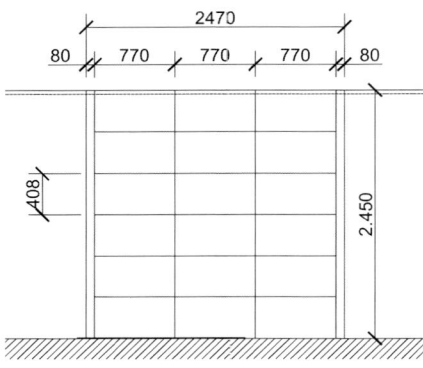

Detail of corten steel wall

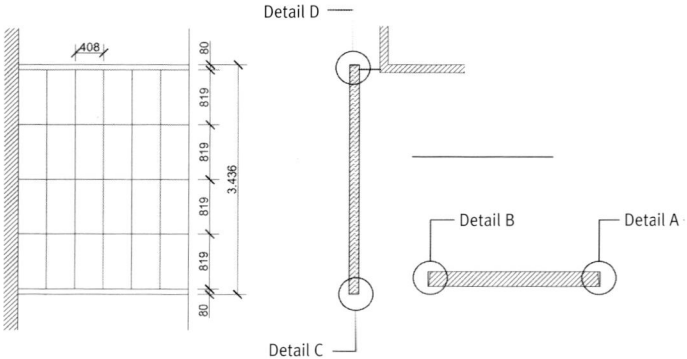

Sketch of new walls

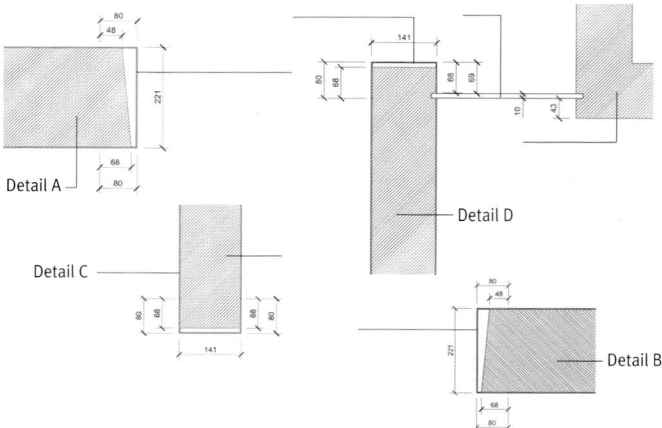

Construction details

SOUP KITCHEN

CHRISTOF SWARTZ/SWARTZ DESIGN

© SWARTZ DESIGN
HAMBURG, GERMANY

Die im Jahr 1830 erbaute Suppenküche wurde jahrelang als Anlaufstelle für Menschen aus ärmlichen Verhältnissen genutzt. Heute, nach der Renovierung, enthält das Gebäude sieben Lofts; drei davon werden als Büros genutzt, während die restlichen Wohn- und Atelierräume darstellen. Eines der vorrangigen Ziele war es, die charakteristischen Eigenheiten des alten Gebäudes zu erhalten, während die einzelnen Wohn- und Arbeitseinheiten mit Versorgungsleitungen und verschiebbaren Wänden an moderne Ansprüche angepasst wurden.

The Soup Kitchen was built during the 1830's and was used during many years as a center for housing poor people. Today, after the remodel, the building contains seven lofts; three of them hold offices, while the rest combine apartments with studios. In all of them there was an attempt to maintain the characteristic elements of the old building, while adapting the spaces to the needs of a modern home, with new utility installations and an occasional wall to separate spaces.

Cette bâtisse a été construite dans les années 1830 et a longtemps servi de foyer d'accueil pour les déshérités. Aujourd'hui, après rénovation, le bâtiment accueille sept lofts, dont trois sont affectés à un usage professionnel tandis que les autres sont devenus des appartements ou des studios. Tout en témoignant d'un effort de préservation et de valorisation des éléments architecturaux hérités du XIXe siècle, chaque loft possède les attraits d'un lieu d'habitation contemporain fonctionnel. On notera par exemple l'ajout de cloisons et la présence d'équipements électroménagers modernes.

De Gaarkeuken is gebouwd in de jaren dertig van de 19e eeuw en is jaren in gebruik geweest als armenhuis. Nu, na de verbouwing, is het gebouw gesplitst in zeven ruimten: drie kantoren en vier atelierwoningen. Overal is geprobeerd de authentieke elementen van het oude gebouw te behouden en de appartementen tegelijkertijd aan te passen aan de moderne wooneisen, met inbouwapparatuur en hier en daar een scheidingsmuurtje.

Der Komfort, den der neue Wohnraum nun bietet, harmoniert perfekt mit der ursprünglichen Gebäudestruktur.
The comforts offered by the new apartments do not clash with the preexisting structure.
Les équipements modernes des nouveaux appartements s'harmonisent parfaitement avec la structure initiale.
Het wooncomfort van de nieuwe appartementen botst niet met de leeftijd van het gebouw.

Sections

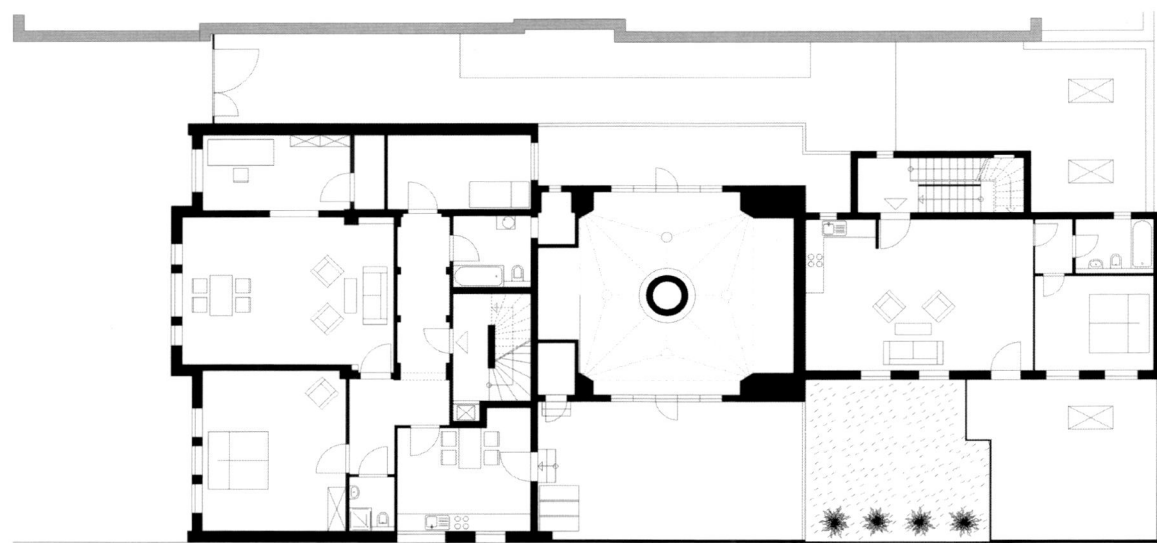

First floor

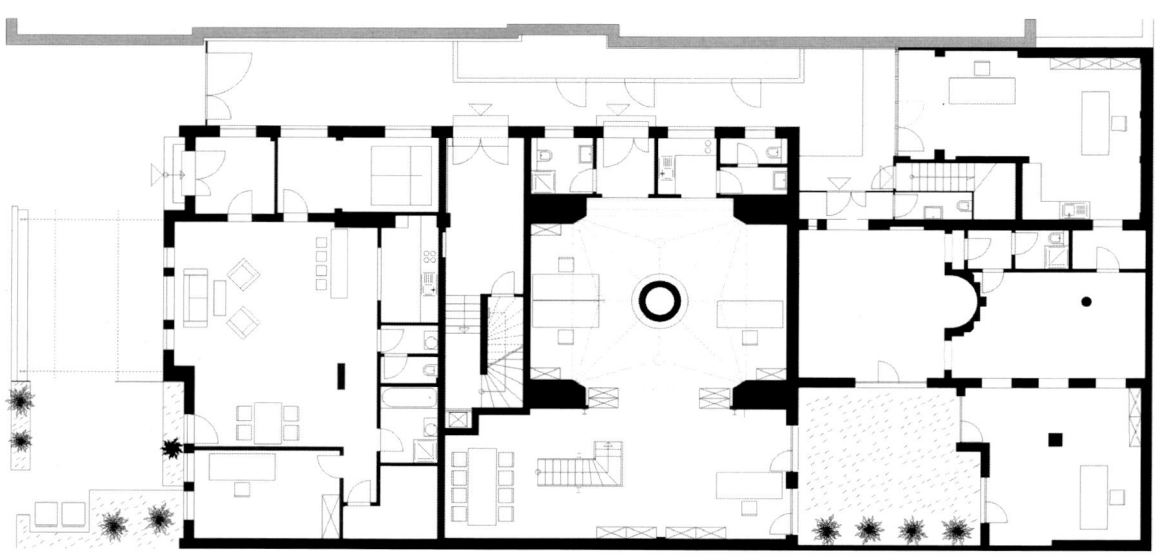

Ground floor

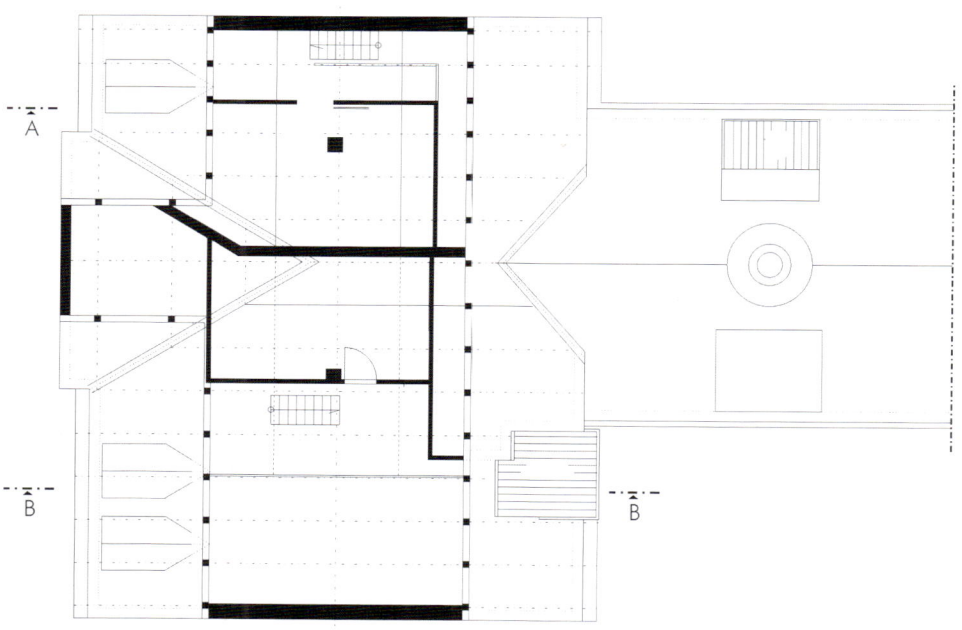

Second floor

80 | Soup Kitchen

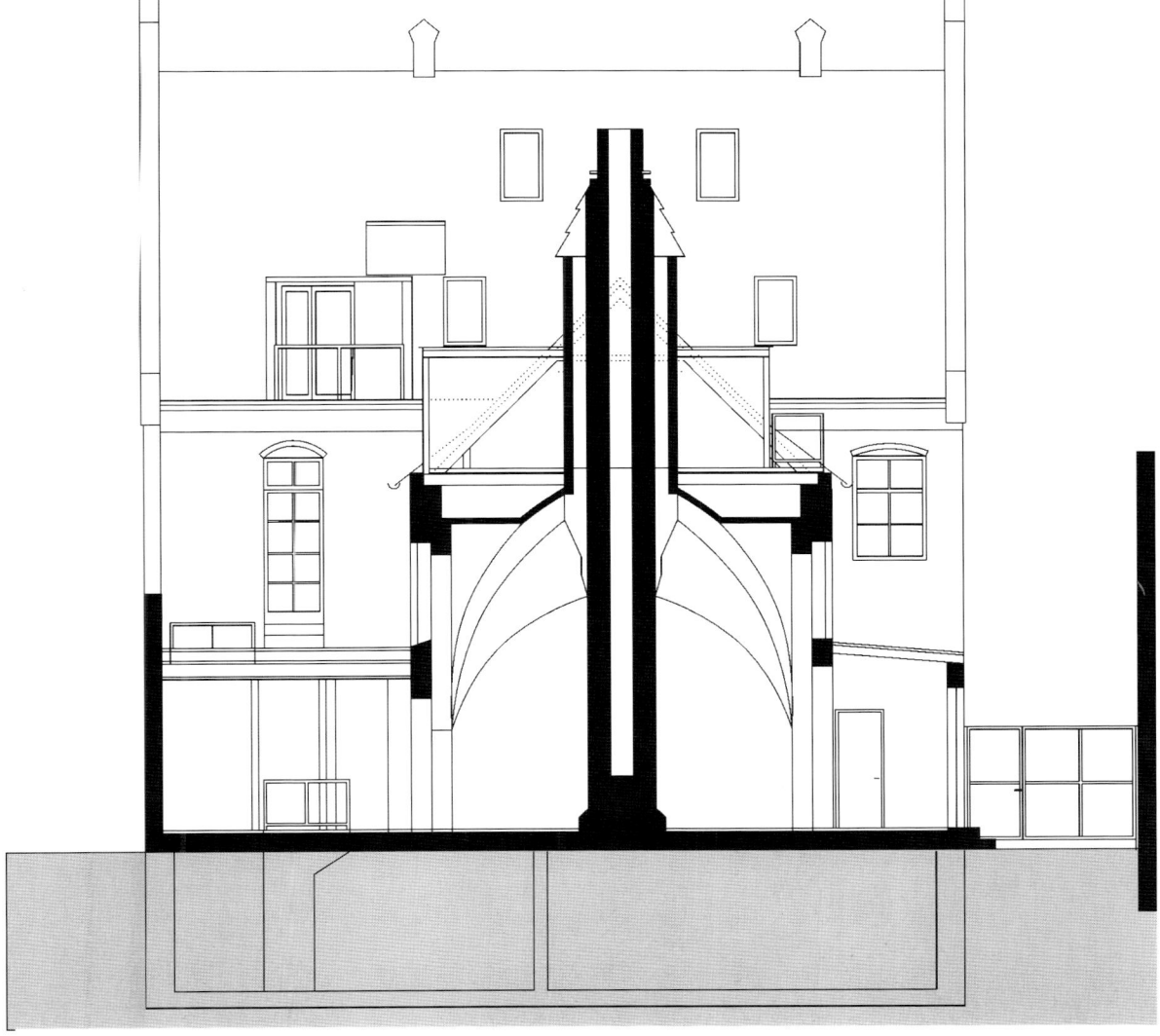

Section

Welcome Center

Carmen Quintana & Carmelo García

© Quintana y García Arquitectos
Las Palmas de Gran Canaria, Spain

Das im alten Wohnviertel Vegueta gelegene Gebäude erfuhr eine Umnutzung vom Wohnhaus in ein Verwaltungsgebäude. Trotz der dafür notwendigen Eingriffe entschied man sich dazu, die bauliche Struktur des aus dem 16. Jahrhundert stammenden Bauwerks vollständig zu erhalten. Die eindrucksvolle Arkade und die hölzernen Vordächer in einem der Innenhöfe, die erst nach der Entfernung einiger in jüngerer Zeit angebrachter Bauelemente entdeckt wurden, erhöhen den architektonische Reichtum des Gebäudes und steigern somit seinen Wert.

Located in the old neighborhood of Vegueta, the old use of the residential building being remodeled was to be changed to administrative uses. Despite this, it was decided to fully respect the original 16th century structure. The architectural richness that was uncovered after the removal of some elements added in recent eras included an impressive arcade and wooden porches on one of the patios, features hidden by posterior additions that now add value to the building.

Situé à Vegueta, dans le quartier de la vieille ville, cet ancien caravansérail longtemps affecté à un usage d'habitation a été rénové et transformé afin de pouvoir accueillir une administration. En dépit de cette nouvelle affectation, il a été décidé de respecter scrupuleusement l'architecture initiale datant du XVIe siècle. La richesse architecturale de l'édifice a ainsi été remise en valeur, après le retrait d'éléments qui cachaient notamment une arche impressionnante et, sur l'un des patios, des porches en bois. Ces découvertes n'ajoutent que plus de cachet au bâtiment.

Dit woonhuis in de oude wijk Vegueta moest worden omgebouwd tot kantoorruimte, waarbij besloten werd het oorspronkelijke 16e-eeuwse gebouw zo veel mogelijk intact te laten. De architectonische rijkdom die aan het licht kwam na het verwijderen van recente toevoegingen omvatte onder andere een indrukwekkende galerij en houten portieken op een van de binnenplaatsen elementen die verborgen zaten achter latere toevoegingen en het gebouw nu duidelijk iets extra's geven.

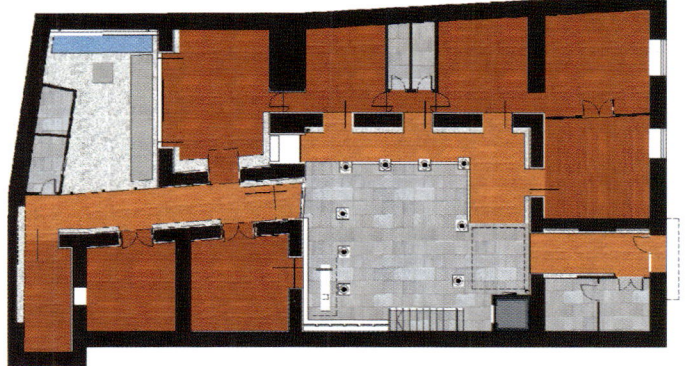

Ground floor

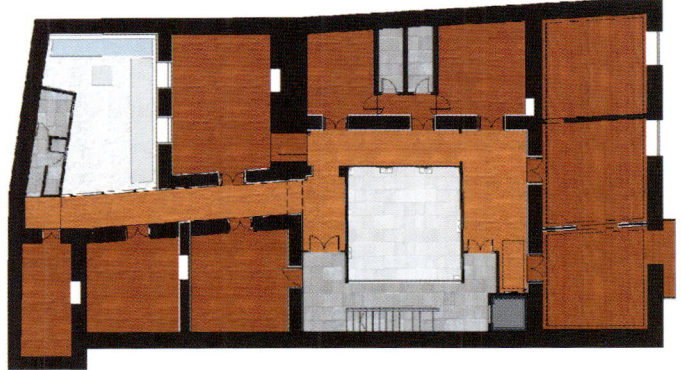

First floor

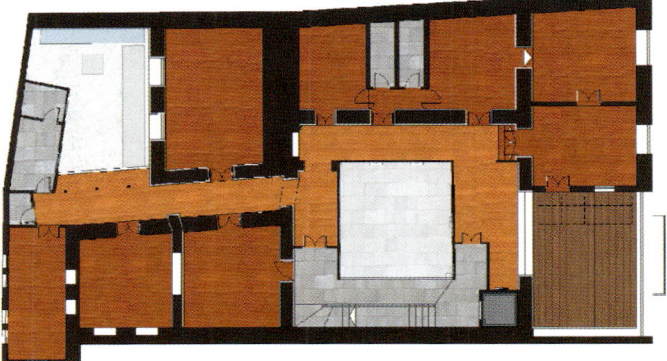

Second floor

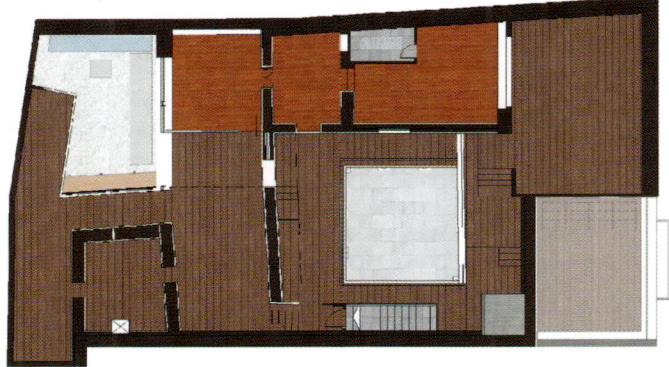

Attic

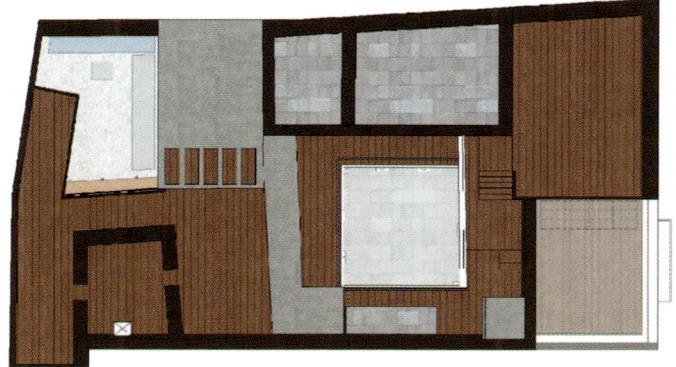

Roofs

WELCOME CENTER | 87

Longitudinal section

Sevenig-Goergen

Bruck & Weckerle

© Lukas Roth, Ruedi Walti
Luxemburg, Luxemburg

Um die Wohnfläche dieses Duplex zu erweitern, mussten im Erdgeschoss eine Küche und ein Schlafzimmer sowie ein Badezimmer im oberen Stockwerk hinzugefügt werden. Zur Verwirklichung dieser Pläne wurde ein zweistöckiger Anbau errichtet. Eine bauliche Strategie war es dabei, den Anbau nicht zu verstecken, sondern ihn im Gegenteil mit auffälliger Farbe zu versehen und somit zu einem aus der Umgebung hervorleuchtenden Blickfang zu machen. Der Lichtmangel wurde behoben, indem man lichtdurchlässige Glaswände einzog, die als Lichtquellen für benachbarte Räume dienen.

Enlarging this duplex required adding a kitchen and a bedroom to the ground floor, and a bathroom on the top floor. This was accomplished by building a two-level annex that the project designers decided to paint in a bright color that would make it stand out from the surrounding landscape rather than trying to hide it. The lack of light was remedied by installing translucent glass walls to let in light from the adjacent rooms.

L'agrandissement de cette maison a permis d'ajouter une cuisine et une nouvelle chambre au niveau du rez-de-jardin, ainsi qu'une une salle de bains à l'étage supérieur. Cette extension a été réalisée grâce à la construction d'une annexe sur deux niveaux que les architectes ont décidé de peindre de couleur vive : autant trancher franchement avec le paysage plutôt que d'essayer de l'y fondre. Le problème du manque de luminosité a été résolu par l'installation de baies vitrées permettant à la lumière de se propager de pièce en pièce.

Bij de verbouwing van deze woning moesten op de begane grond een keuken en een slaapkamer worden toegevoegd, plus een badkamer op de bovenverdieping. Dit werd opgelost met een aanbouw over twee verdiepingen. De ontwerpers besloten niet te proberen die te verbergen, maar gaven hem juist een felle kleur, zodat hij sterk opvalt. Het gebrek aan daglicht werd opgelost met glazen muren, zodat er via de aangrenzende kamers licht binnenvalt.

Da es sich um einen eher kleinen Anbau handelte, wurde ein leichtes einfach zu handhabendes Material verwendet: Holz.
Given the small size of the addition, it was decided to use a light and easy structural material to handle, like wood.
Étant donné la taille modeste de l'annexe, il a été décidé d'utiliser pour la structure du bâtiment un matériau léger et maniable… le bois.
Omdat de aanbouw vrij klein was, werd gekozen voor licht, gemakkelijk bouwmateriaal als hout.

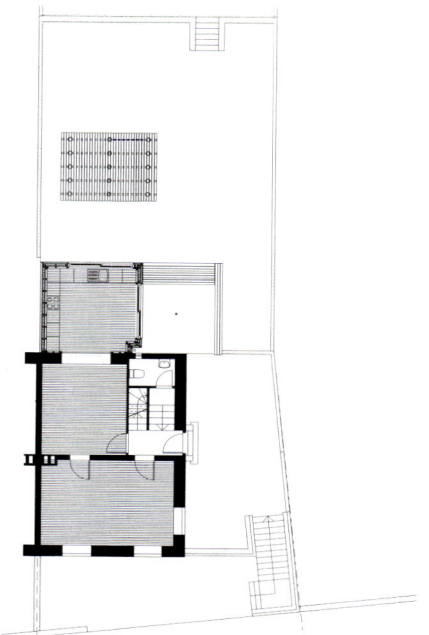

Detail of ground floor

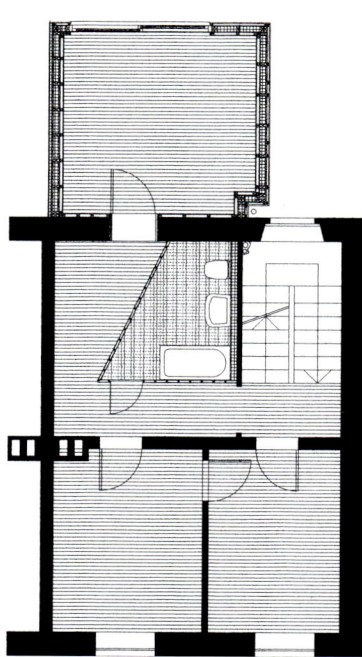

Detail of first floor

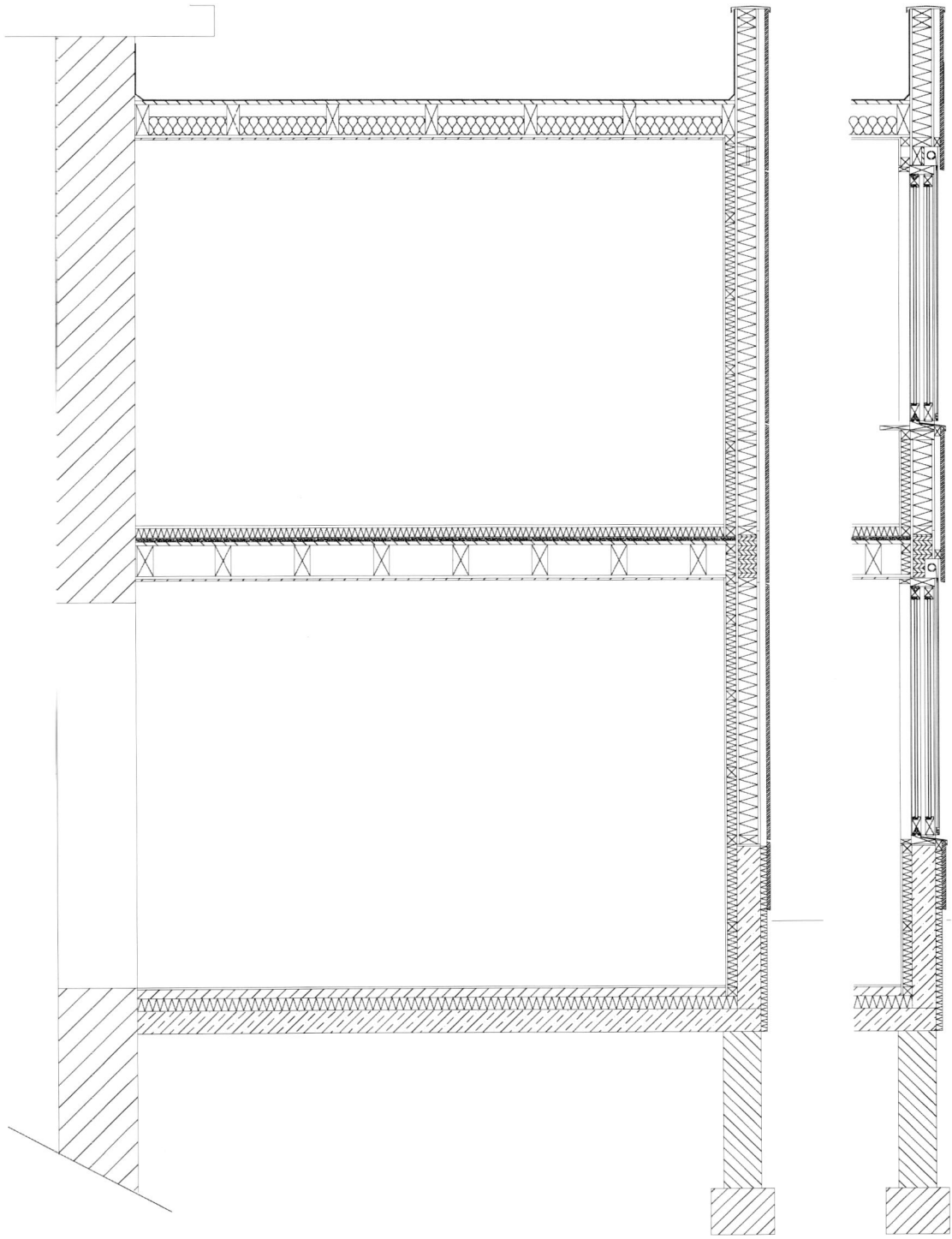

Construction detail

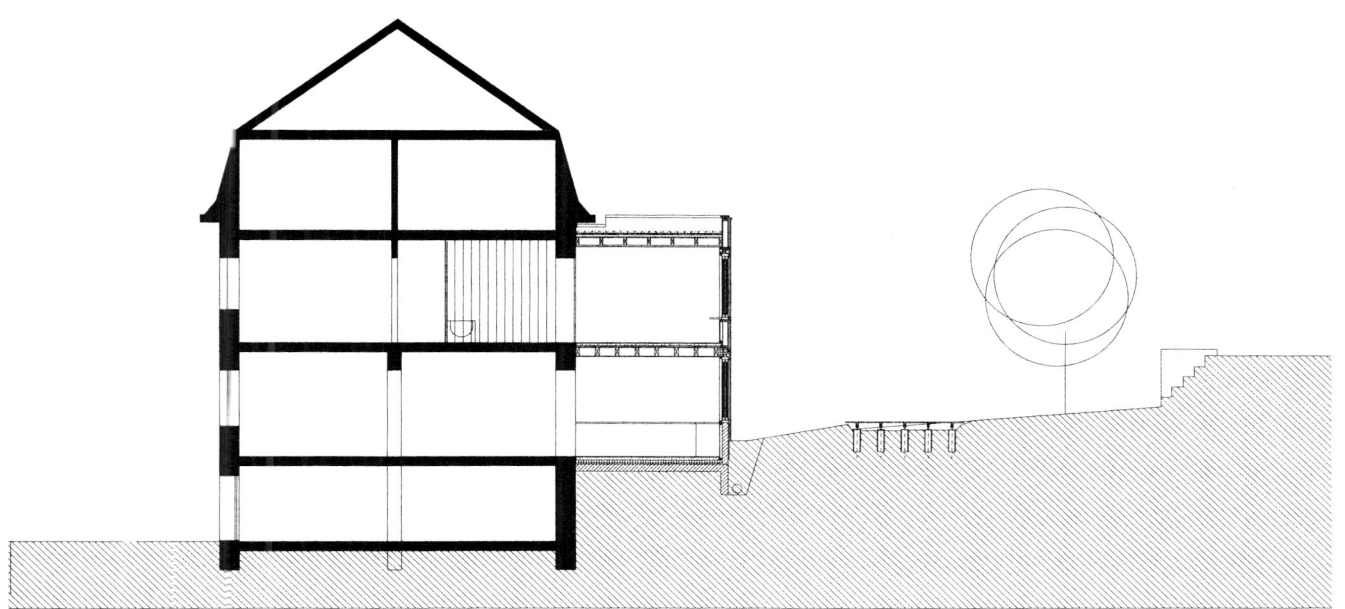

Section

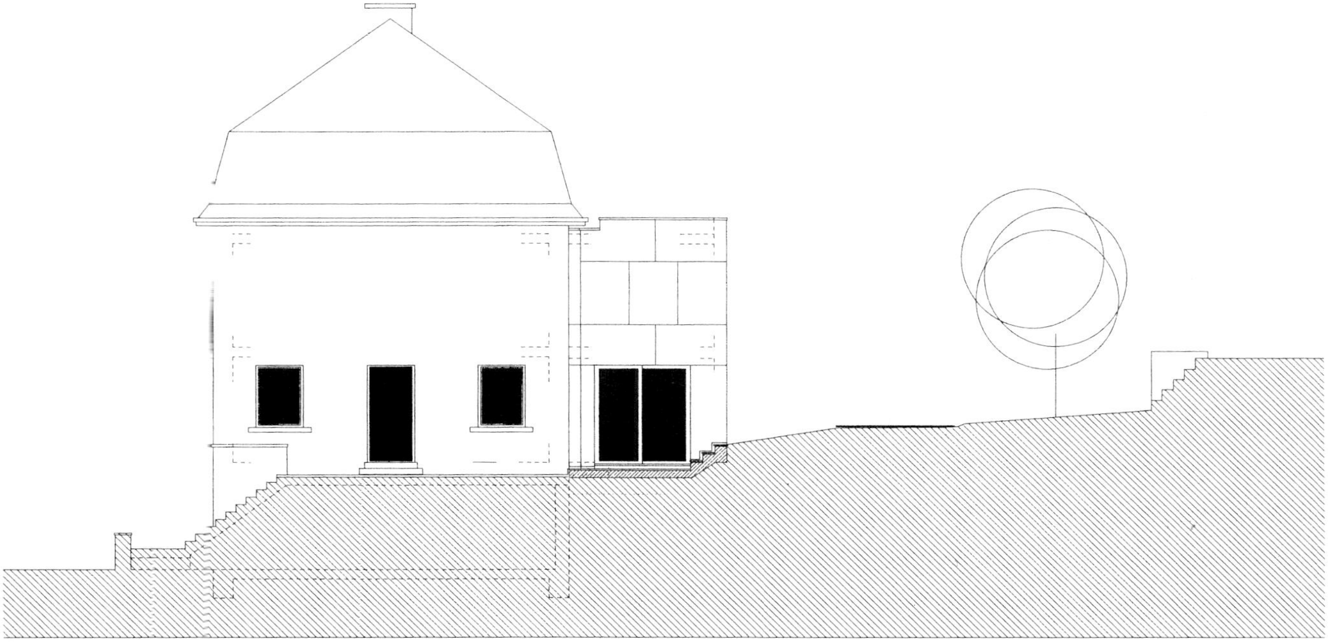

Elevation

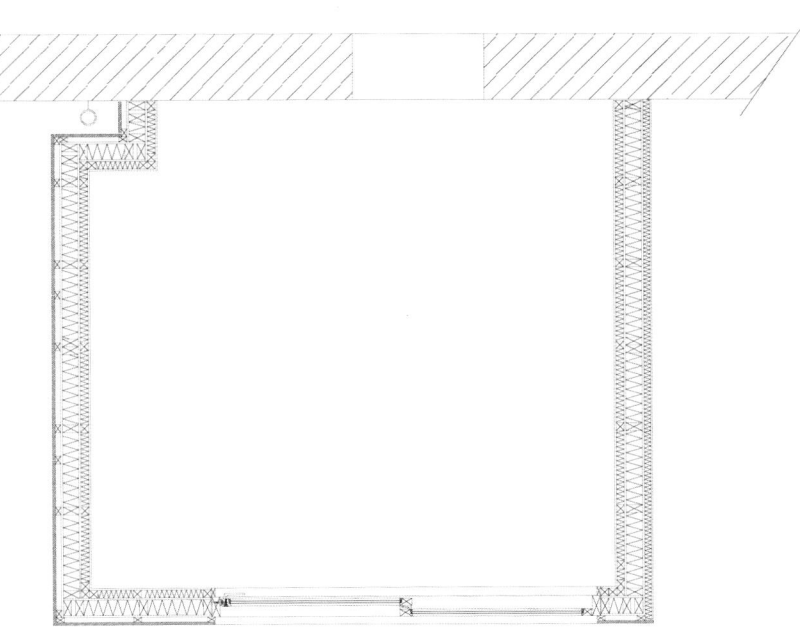

First floor of enlargement

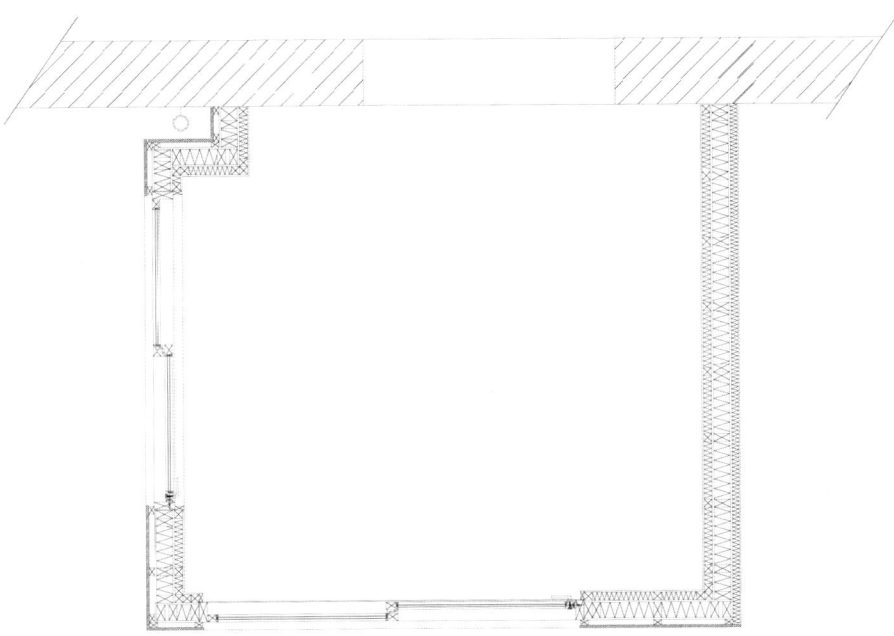

Ground floor of enlargement

TALL ACRES

MEHRDAD HADIGHI/STUDIO FOR ARCHITECTURE

© STUDIO FOR ARCHITECTURE
ROCHESTER, NY, UNITED STATES

Um dieses typische amerikanische Wohnhaus umzugestalten und zu vergrößern, wurde ein Anbau angegliedert, der sich von dem Rest des Hauses unterscheidet: Das Flachdach und der perforierte Beton kontrastieren mit dem ziegelverkleideten Giebeldach des Originalgebäudes. Trotz seiner geringen Größe dominiert der monolithische Anbau das gesamte Gebäude. Durch die Regelmäßigkeit seiner Gestaltung und den schwarzen Beton erscheint seine Form größer und massiver.

The design for remodeling and enlarging this typical American home took the form of an addition with a very different shape from the rest of the house. The flat roof and the pierced concrete contrast with the gable roof of the original building and its vinyl clapboard covering. The monolithic presence of the addition dominates the house, despite its smaller size, because the regularity of its shapes and the dark colored concrete give it a stronger appearance.

Le projet de rénovation et d'agrandissement de cette maison américaine typique a impliqué l'ajout d'une aile d'une apparence très différente de celle du reste de la maison. L'horizontalité du toit plat et le béton percé contrastent avec les linteaux traditionnels et le bardage en vinyle du toit d'origine. Malgré sa taille plus restreinte, l'annexe domine visuellement la structure préexistante du fait de la régularité de ses formes et de l'usage du béton teinté en noir qui lui confère la puissance d'un monolithe.

Het ontwerp voor de verbouwing en uitbreiding van dit typisch Amerikaanse woonhuis kreeg de vorm van een aanbouw die volkomen anders gevormd is dan de rest van het huis. Het platte dak en het geperforeerd beton contrasteren met het puntdak van het oorspronkelijke gebouw en de kunststof dakspanen. De monolithische stroomlijn van de aanbouw domineert het huis, ondanks de kleinere afmetingen, omdat de effen vormgeving en het donkere beton de aanbouw een sterkere uitstraling geven.

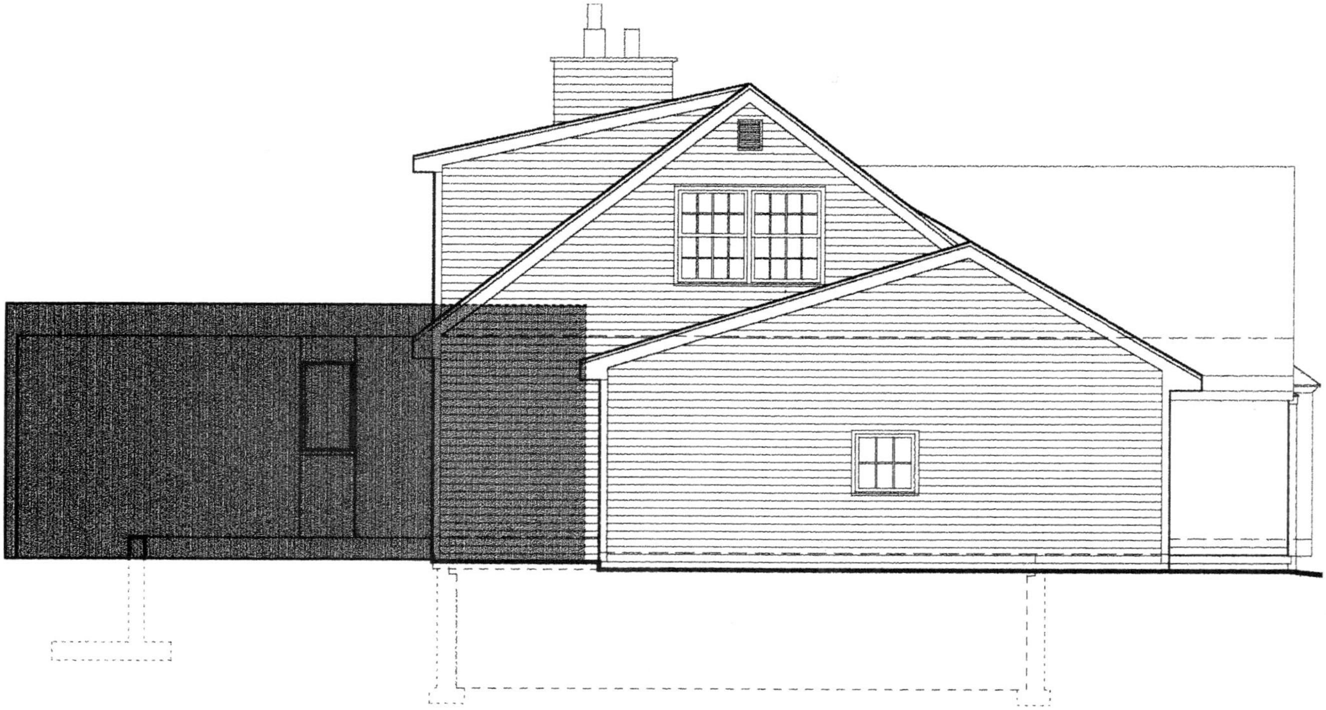

Elevations

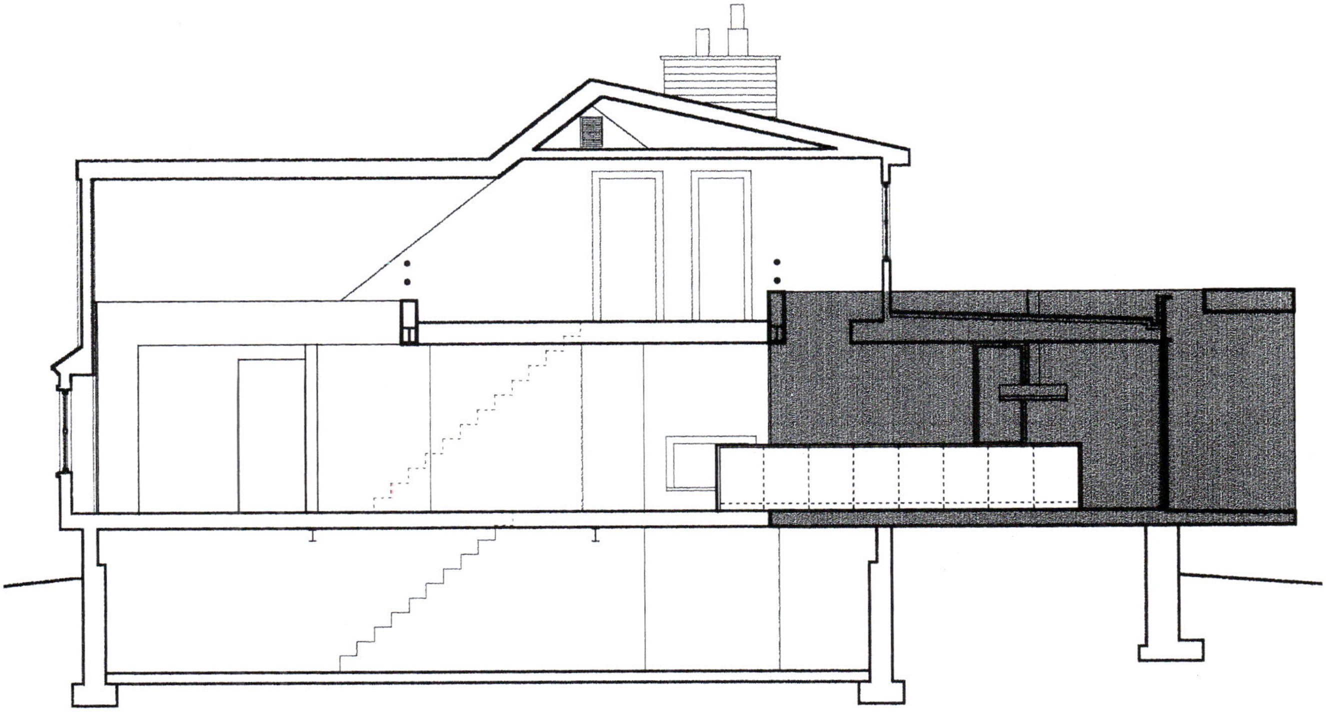

Section

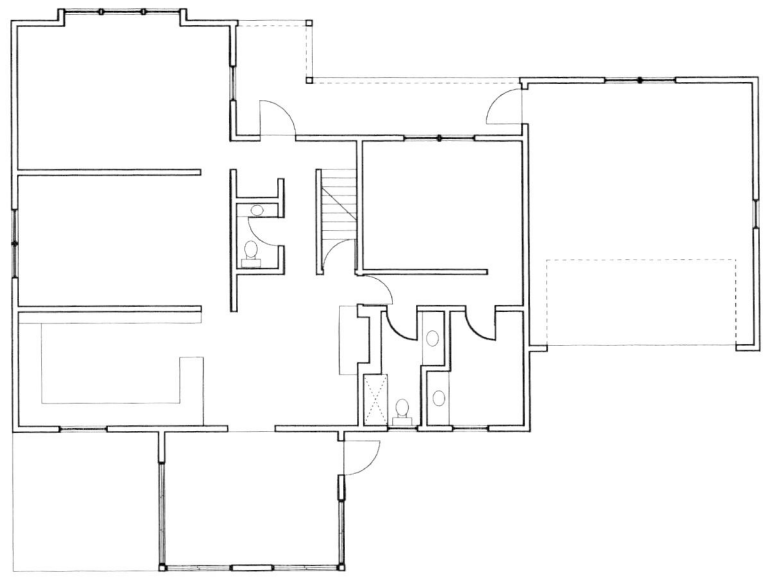

Floor plan before reform

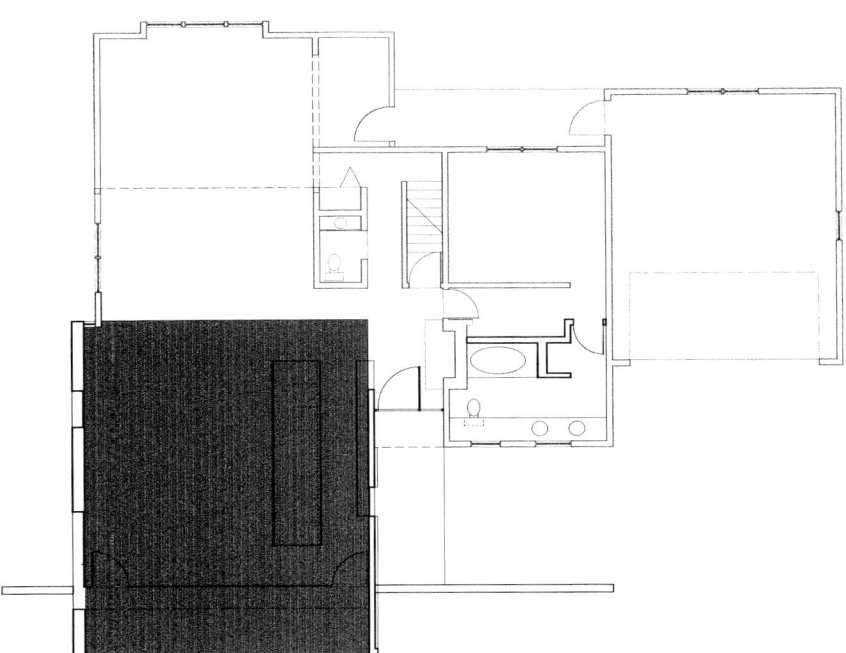

Floor plan of reform

Bad Saarow Villa

Grollmitz-Zappe Architekten

© Kristi Kriegel
Bad Saarow, Germany

Durch den Erhalt der natürlichen Farbe der Holzverkleidung und den Neuanstrich der Balkon-Innenwände mit der regionaltypischen gelben Farbe wurde der ursprüngliche Charakter dieses Ferienhäuschens beibehalten. Der Grundriss der Innenräume wurde nicht verändert, allerdings wurden die Badezimmer komplett renoviert und ein Teil der Einrichtung erneuert. Lediglich eine Wand im oberen Stockwerk musste entfernt werden, um eines der Schlafzimmer zu vergrößern.

The remodeling project of this summer home attempted to preserve the characteristics of the original building, maintaining the natural color of the exterior wood and repainting the interiors of the balconies with a yellow color typical of the region. The layout of the interior was not modified, but the bathrooms were completely renovated and some furniture changed. Only an interior wall on the top floor was removed to enlarge one of the bedrooms.

Le cahier des charges de ce projet de rénovation imposait de maintenir en l'état la structure initiale du bâtiment, de conserver la couleur naturelle des lambris extérieurs et de choisir une couleur jaune typique de la région pour l'intérieur des balcons. L'aménagement intérieur n'a pas été modifié, mais les salles de bains ont été entièrement refaites et quelques éléments du mobilier ont été changés. Seule l'une des cloisons de l'étage supérieur a été éliminée pour agrandir l'une des chambres.

Bij de verbouwing van dit vakantiehuis is geprobeerd de sfeer van het oorspronkelijke gebouw te behouden door de natuurlijke kleur van het houtwerk door te trekken en de balkonmuren te schilderen in een kleur geel die kenmerkend is voor de regio. De indeling is niet veranderd, maar de badkamers zijn compleet vernieuwd en het meubilair is deels vervangen. Alleen op de bovenverdieping is een binnenmuur gesloopt om een van de slaapkamers te vergroten.

Elevations

106 | BAD SAAROW VILLA

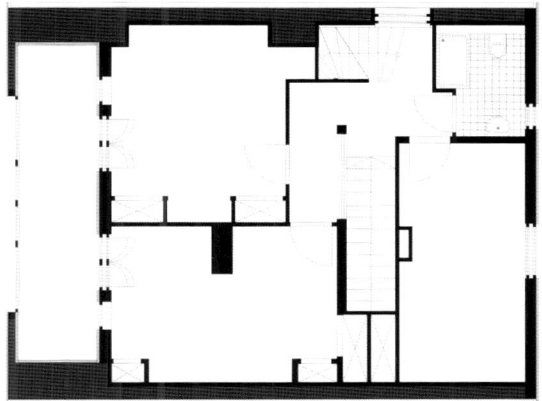

Ground floor

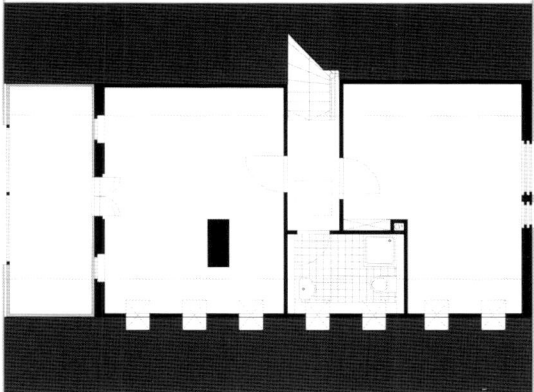

Second floor

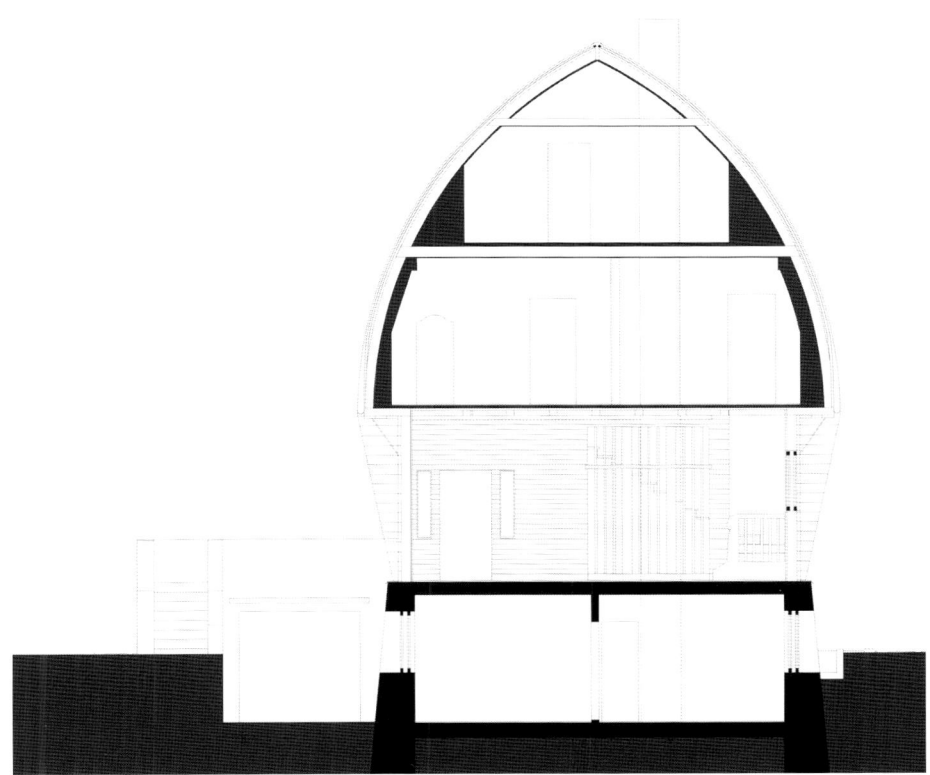

Section

Bad Saarow Villa | 107

Masnou House

Jordi Hidalgo & Daniela Hartmann

© Eugeni Pons
Les Preses, Girona, Spain

Hauptbestandteil der Renovierungsmaßnahmen ist ein perforiertes Stahlelement, das hinter den vorhandenen Wänden aus Vulkangestein versteckt angebracht wurde. Die drei Halbetagen wurden unabhängig von den bereits vorhandenen Wänden eingefügt und setzen sich optisch von dem Rest des Gebäudes ab. Dadurch wird dessen rustikaler Charakter optimal mit den neuen zeitgenössischen Formen kombiniert. Entlang der Nord- und Südfassaden wurden Paneele aus laminiertem Glas eingelassen. Die so entstandenen Oberlichter ermöglichen einen größeren Lichteinfall, der bis in die unterste Etage reicht.

A perforated steel element hidden behind the original volcanic rock walls was the key to this remodeling project. Three half levels that are independent from the existing walls, project from the structure and make it possible to combine the rustic flavor of the cabin with the newly designed contemporary forms. The system called for lateral bands along the North and South façades, covered with laminated glass panels that allow more light to flow into the space.

La réussite de cette rénovation tient à la construction d'une structure en acier perforé, dissimulée derrière les murs d'origine en pierre volcanique. Trois demi-niveaux ont été aménagés indépendamment des murs d'origine à partir de cette structure centrale en acier, ce qui a permis de combiner le charme rustique d'une grange avec le design contemporain. Concernant les façades nord et sud, des bandes latérales recouvertes de verre feuilleté les parcourent, ce qui permet d'augmenter la diffusion de la lumière dans les espaces intérieurs.

Het sleutelelement van dit renovatieproject is een segment van geperforeerd staal dat achter de originele muren van vulkanisch gesteente is aangebracht. Drie halve verdiepingen steken onafhankelijk van de bestaande muren uit het gebouw, zodat de rustieke sfeer van het huisje goed blijft combineren met de moderne toevoegingen. Voor deze constructie moesten langs de noord- en zuidgevel dwarsbalken worden aangebracht, met glazen platen om meer licht binnen te laten.

Map of location

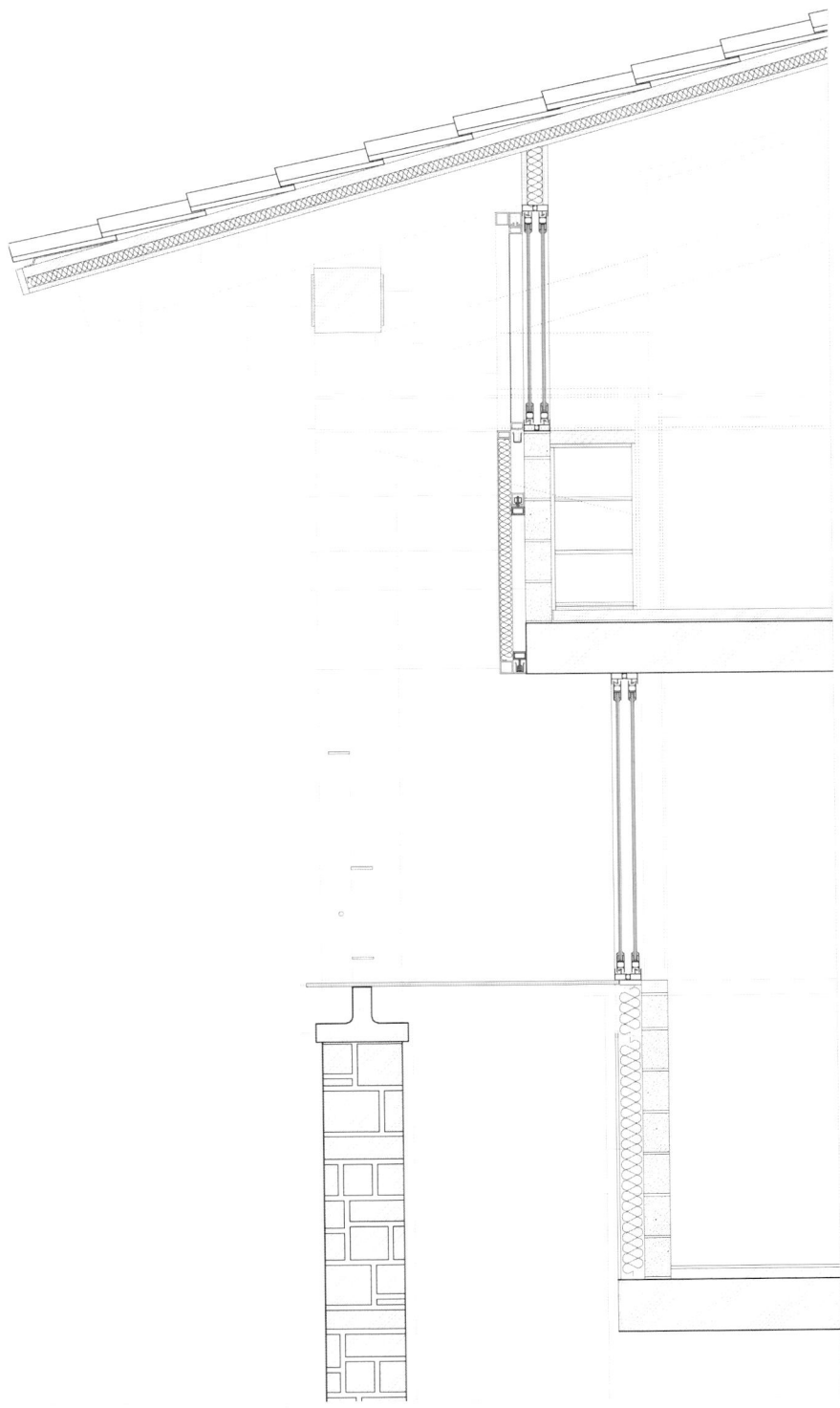

Section

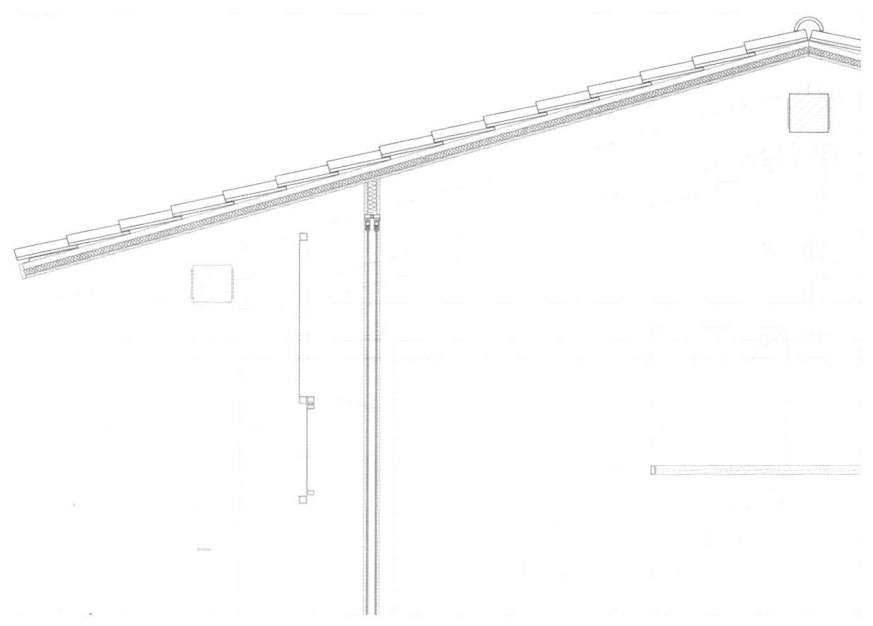

Roof construction detail

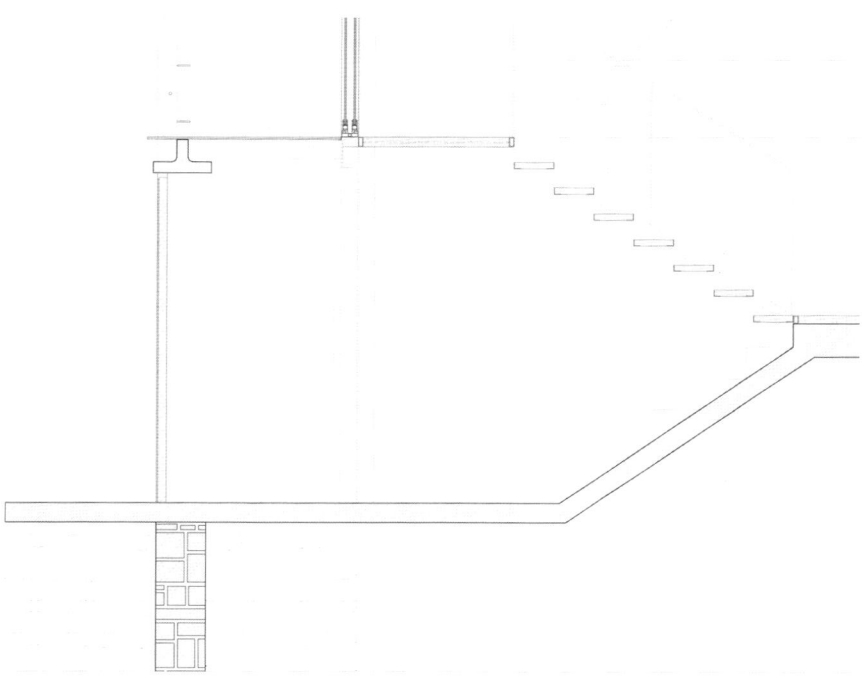

Stairway construction detail

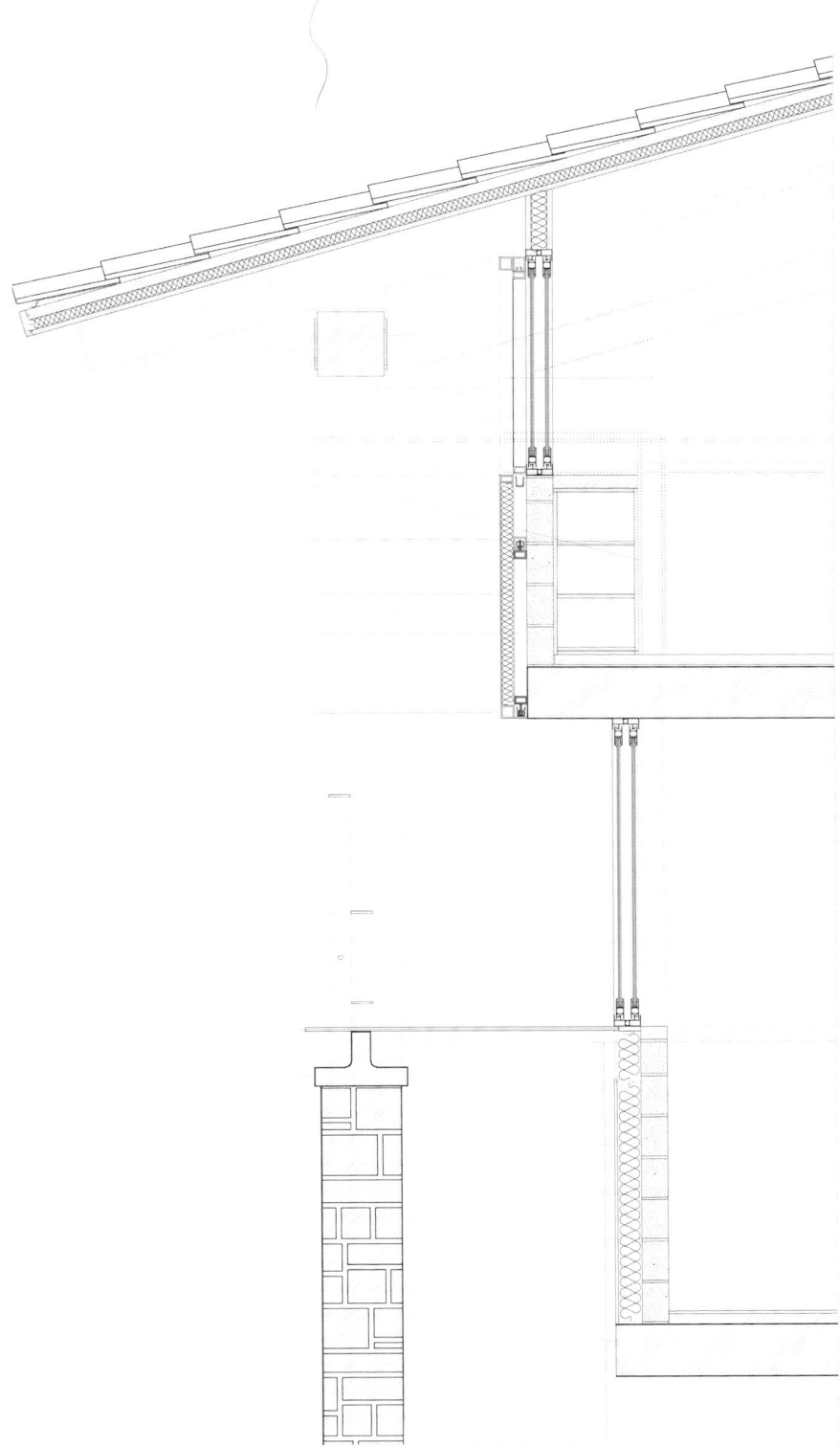

Section

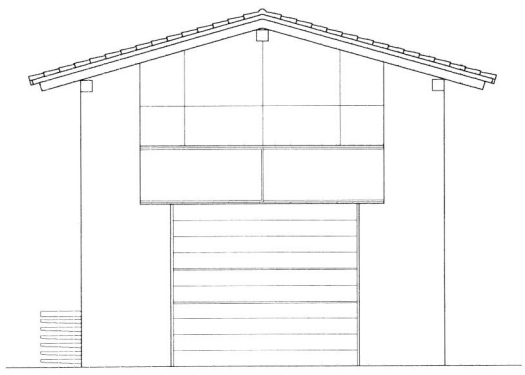

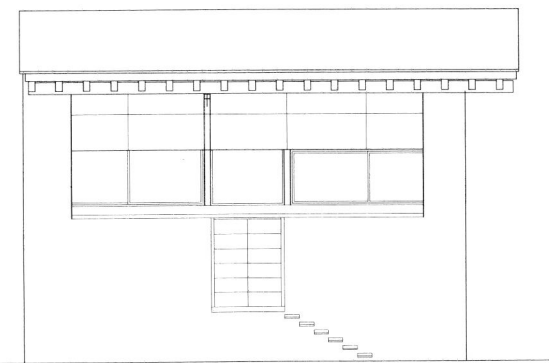

Elevations

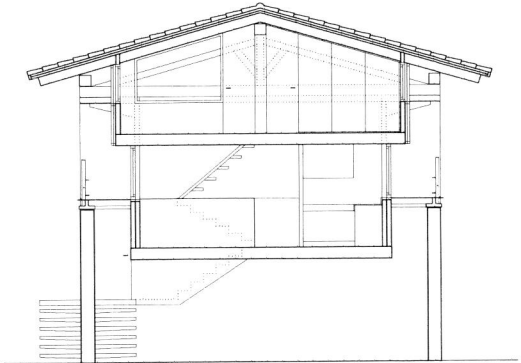

Section

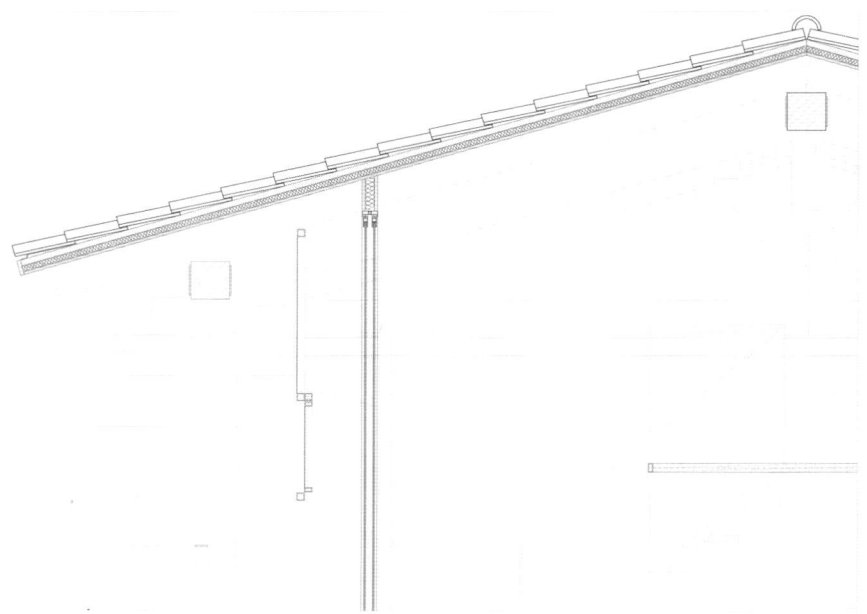

Roof construction detail

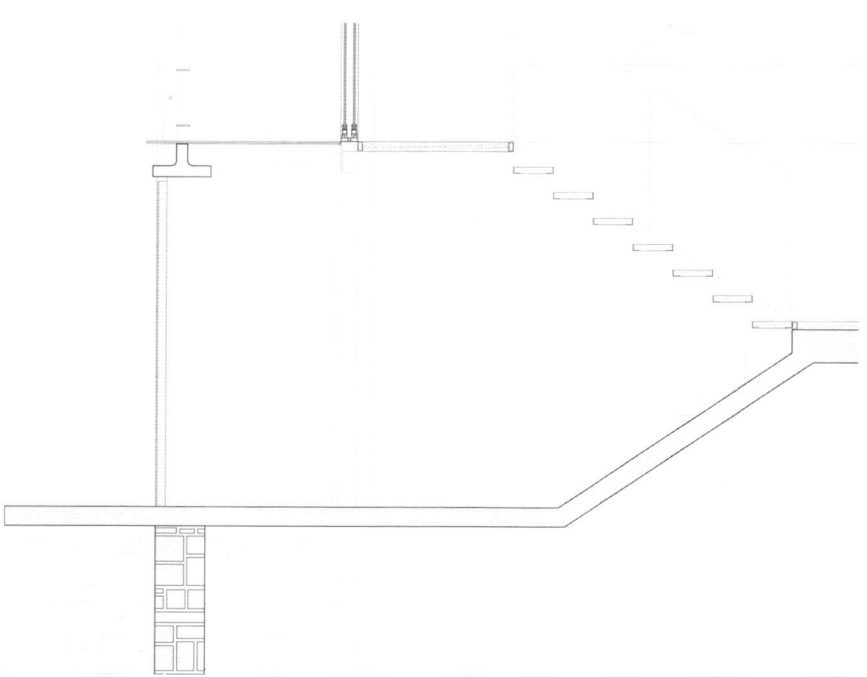

Stairway construction detail

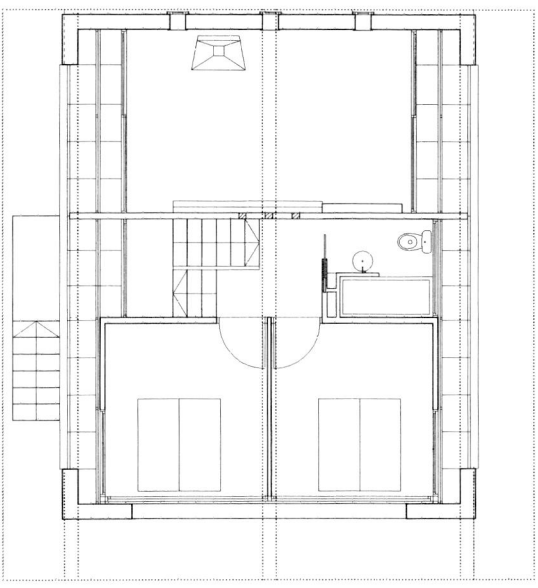

Second floor

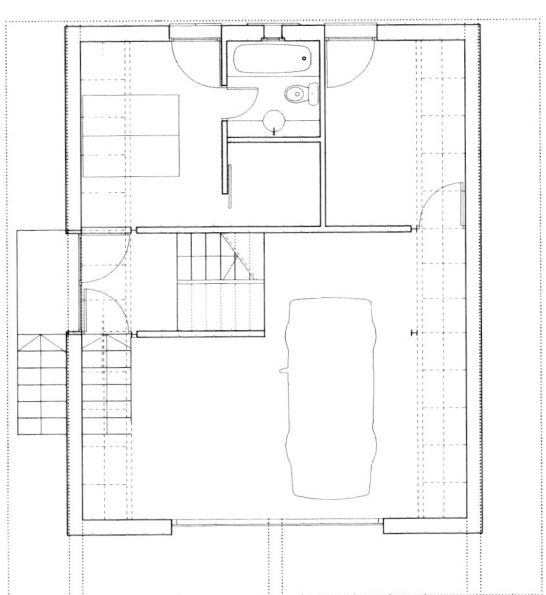

Ground floor

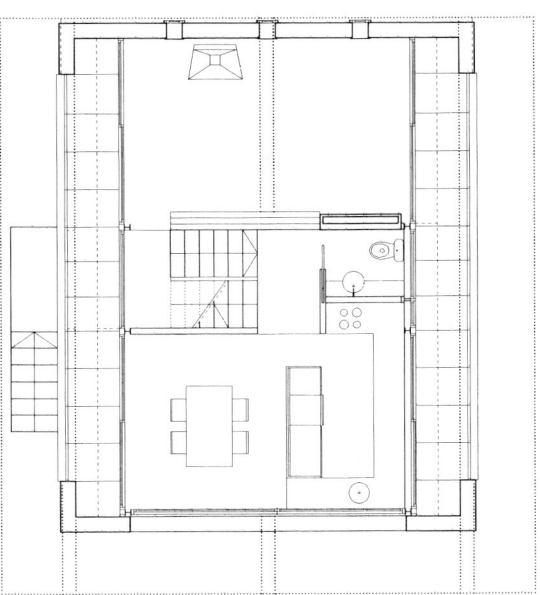

First floor

BARGE & MURPHY LOFT

BUSCHOW HENLEY

© NICHOLAS KANE
LONDON, UNITED KINGDOM

Die vorhandene bauliche Struktur dieses viktorianischen Gebäudes in London bot eine optimale Möglichkeit, dessen oberstes Stockwerk in ein Penthouse zu verwandeln. Nach der Untersuchung der Bausubstanz wurde ein neuer Grundriss angelegt, der die Räumlichkeiten in ein in zwei parallele Bereiche aufgeteiltes Loft umwandelte. Die Neugestaltung des Daches stellt die wichtigste bauliche Veränderung dar. Man entschied sich, die vorhandenen Dachfenster durch neue zu ersetzen, die sich nach Süden und Westen hin öffnen.

The architects took advantage of the opportunity offered by the original structure of this Victorian London building to turn the top floor into a penthouse. After a study of the parameters, they created a new layout and converted the space into a loft arranged in two parallel blocks. The most important intervention was the creation of the roof. The architects decided to replace the original skylight and different skylights were created to open to the south and west.

Les architectes ont profité des opportunités offertes par l'ancienne structure, un immeuble de style victorien, transformant l'étage supérieur en un splendide appartement-terrasse. Après une étude de faisabilité, ils ont créé une nouvelle structure et converti l'espace en un loft agencé autour de deux blocs parallèles. La création du toit représentait le gros des travaux. Les architectes ont décidé de remplacer l'ancienne fenêtre du toit, et de percer d'autres ouvertures dans la nouvelle structure, créant deux puits de lumière au sud et à l'ouest.

De architecten gebruikten de mogelijkheden die dit originele victoriaanse gebouw in Londen bood om de bovenverdieping om te werken tot een penthouse. Ze rekenden de beschikbare ruimte door, ontwierpen een nieuwe indeling en bouwden de ruimte om tot een loft die bestaat uit twee parallelle blokken. De belangrijkste ingreep was de bouw van het dak. De architecten besloten het oorspronkelijke dakraam te vervangen door een rij dakramen op het zuiden en westen.

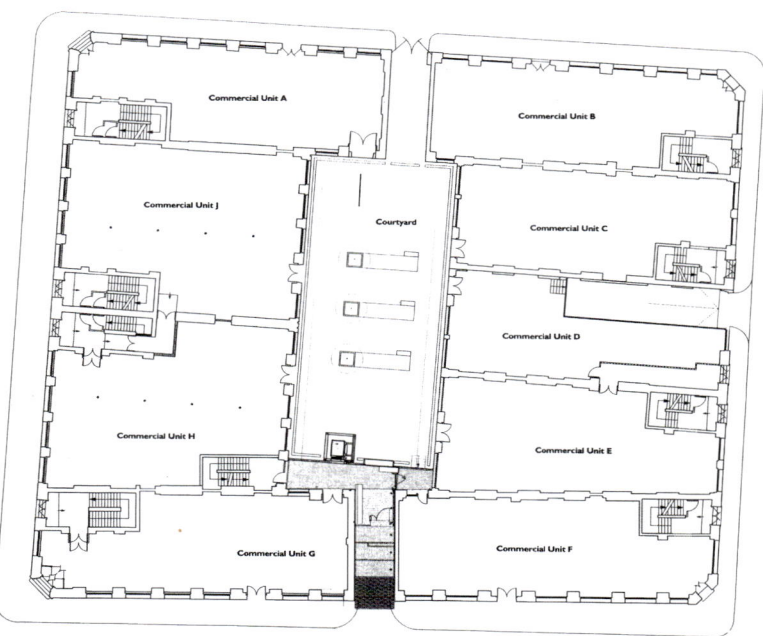

Standard plan

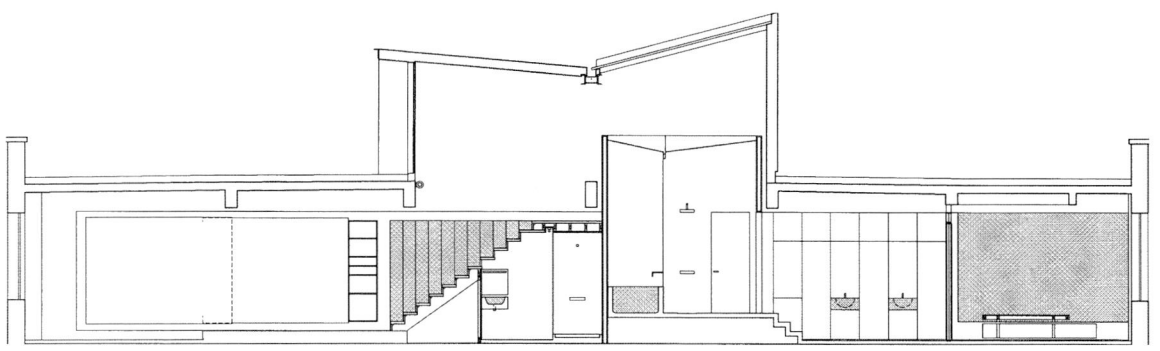

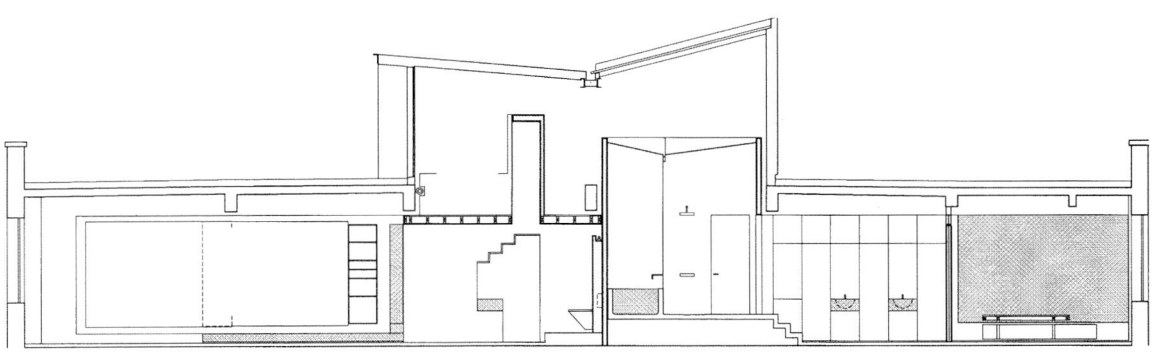

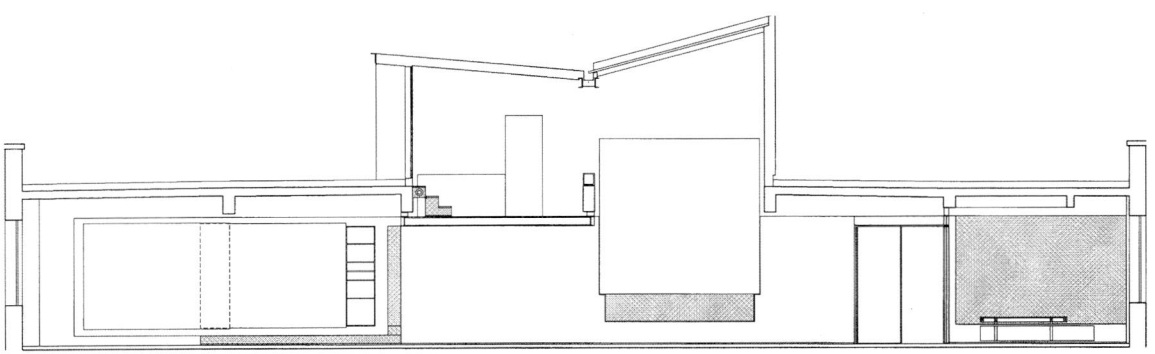

Cross sections

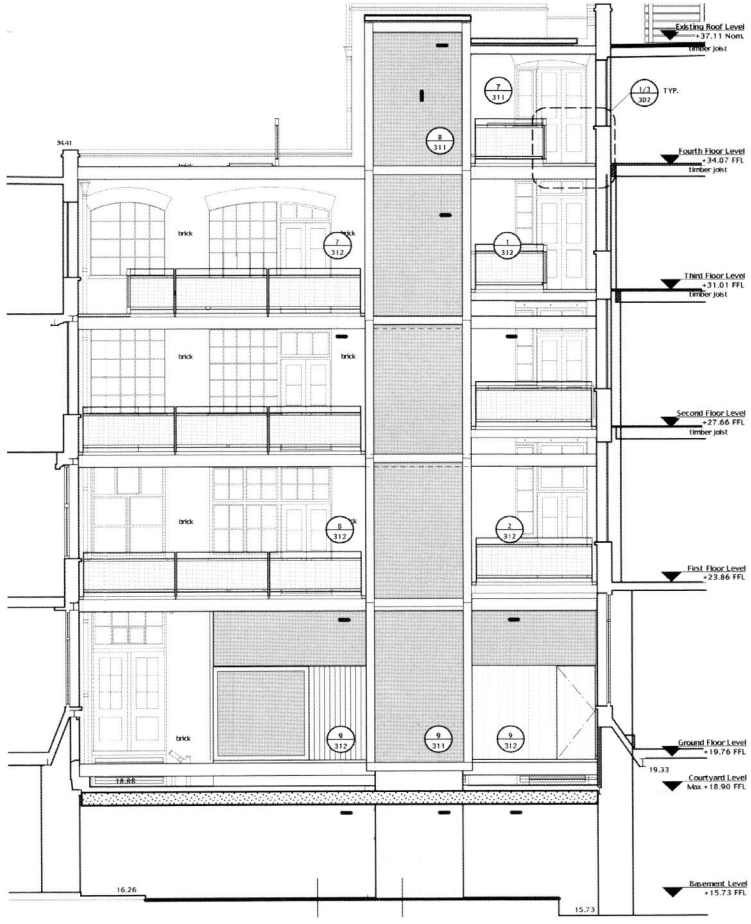

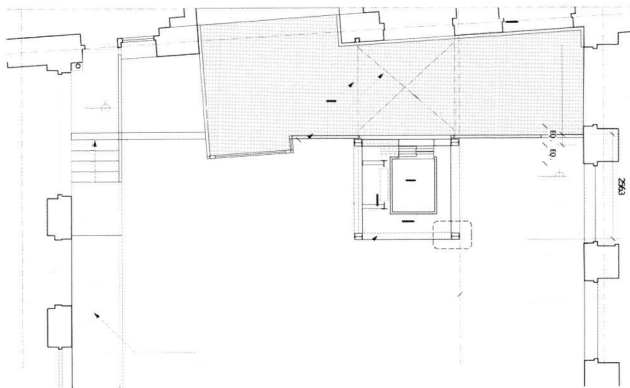

Floor plan and section of lift

Die Oberlichter ermöglichen eine homogene Beleuchtung aller Räume, vom Wohnzimmer bis hin zum Badezimmer.
The skylights provide homogeneous lighting to all the spaces from the living room to the bathroom.
Les fenêtres mansardées apportent une luminosité homogène dans les différentes pièces, du salon jusqu'à la salle de bains.
De dakramen zorgen voor een homogene lichtinval in alle ruimten, van woonkamer tot badkamer.

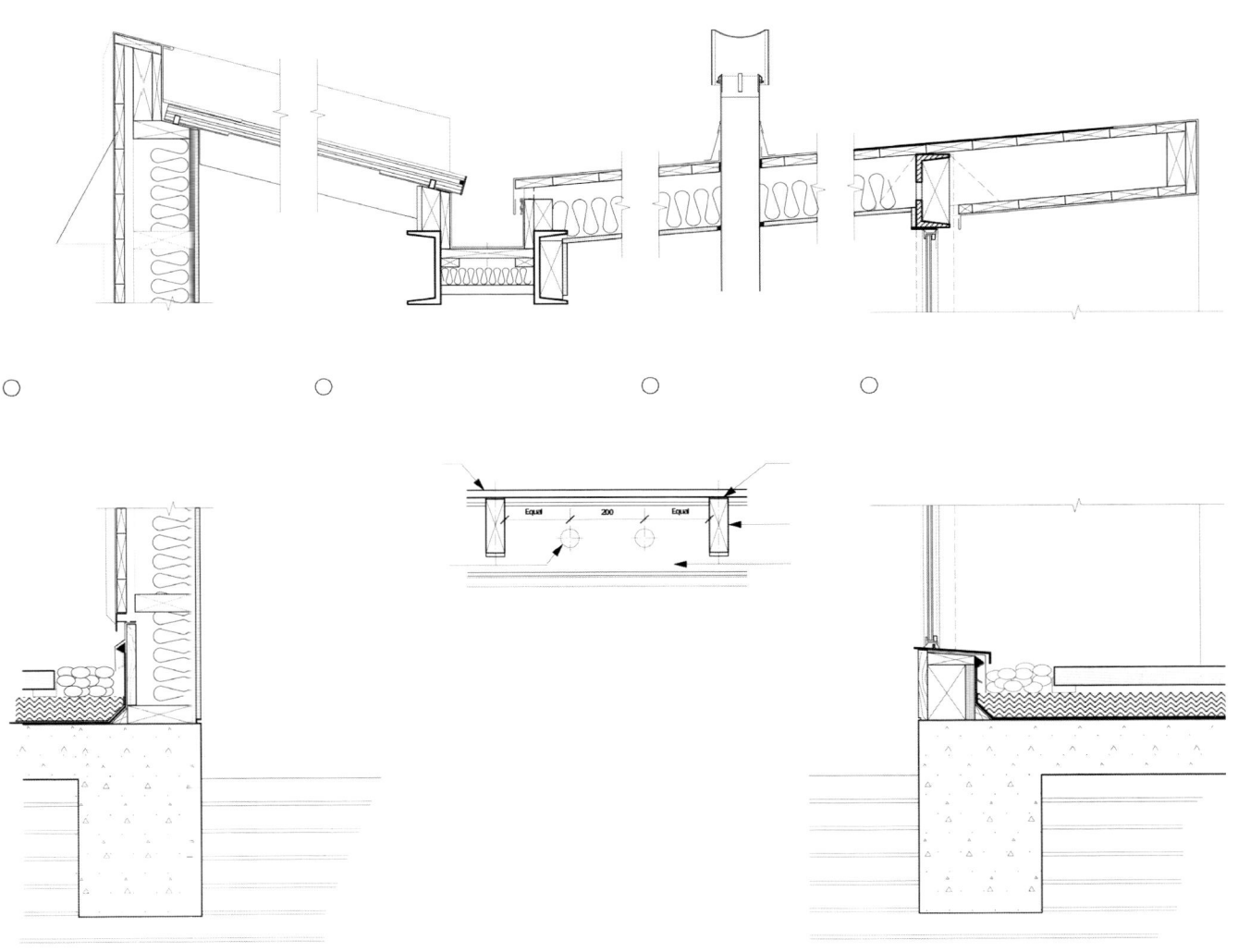

Detail of walls

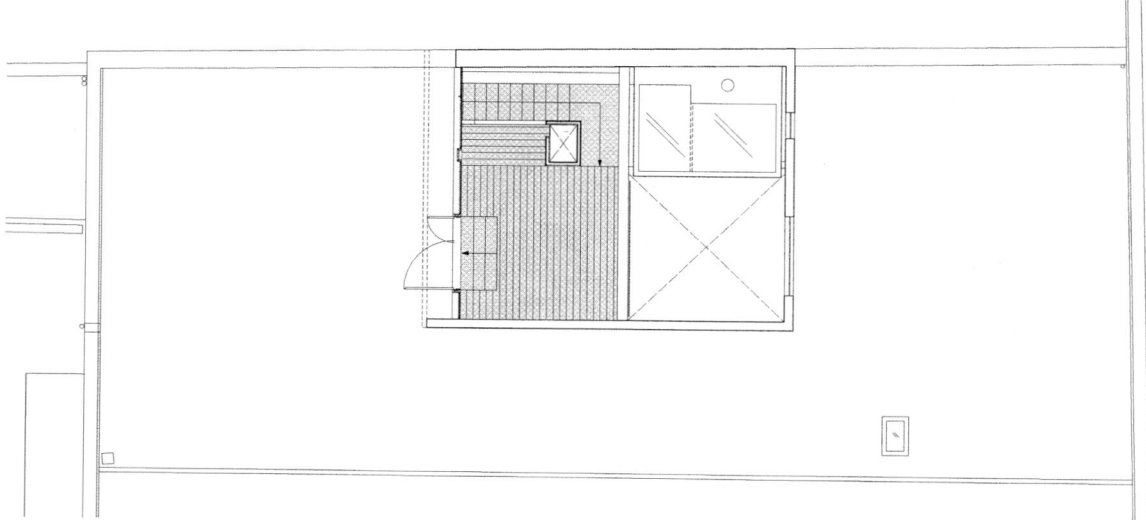

First floor

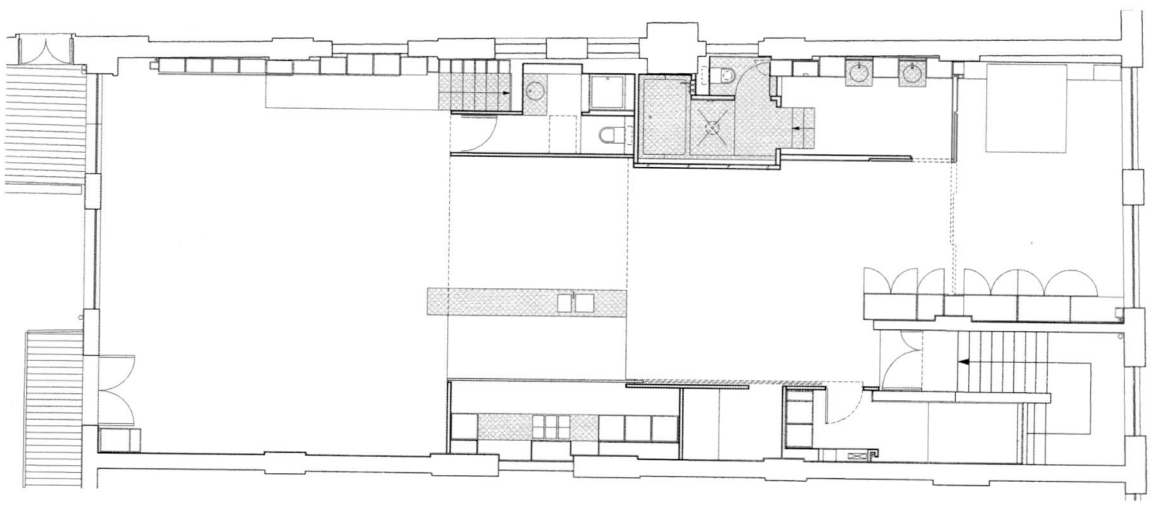

Plan

HOUSE WITH A PORCH

GIAMPIERO BOSONI/GA ARCHITETTI ASSOCIATI

© MATTEO PLAZZA
SEROLE, ASTI, ITALY

Bei der Neugestaltung sollte eine ästhetische und funktionale Umstrukturierung stattfinden, die die vorhandene Aufteilung des alten, aus zwei aneinandergrenzenden Etagen bestehenden Gebäudes nicht zu stark verändern durfte: Eines der Stockwerke beherbergte ursprünglich den Getreidespeicher, der andere das Bauernhaus. Die endgültige Gestaltung lässt eine harmonische Verbindung zwischen den vorhandenen Strukturen und den neu integrierten Elementen entstehen, so zum Beispiel der zentral gelegene Ofen, die an der Westfassade eingelassenen Fenster und die gusseisernen Pergolen.

This project encompassed aesthetic and functional interventions that did not alter the original structure of the old building, which consisted of two adjacent structures on different levels: a stable and granary in one, and a farmhouse in the other. The final design resulted in harmonious relationships between the existing structures and the new elements, such as the furnace, located in the central area, the windows installed on the west façade, and the iron pergolas.

Ce projet de rénovation a consisté en une série de transformations tant fonctionnelles qu'esthétiques qui n'ont pas toutefois modifié la structure initiale de la maison, à savoir deux corps de bâtiments adjacents installés sur des niveaux différents: le corps de ferme d'une part, une étable et un silo à grains d'autre part. L'architecture définitive associe harmonieusement la structure initiale du bâtiment et les ajouts récents : un poêle au cœur des pièces à vivre, des fenêtres sur la façade ouest et des pergolas en fer.

Dit project bestond uit esthetische en functionele ingrepen die geen afbreuk mochten doen aan het originele oude gebouw, dat bestond uit twee aanpalende panden met verschillende indelingen, namelijk een stal annex graanschuur en een boerderij. Het uiteindelijke ontwerp voorzag in een harmonieus samengaan van de bestaande gebouwen en nieuwe elementen, zoals de centraal gelegen haard, de ramen in de westelijke muur en de metalen pergola's.

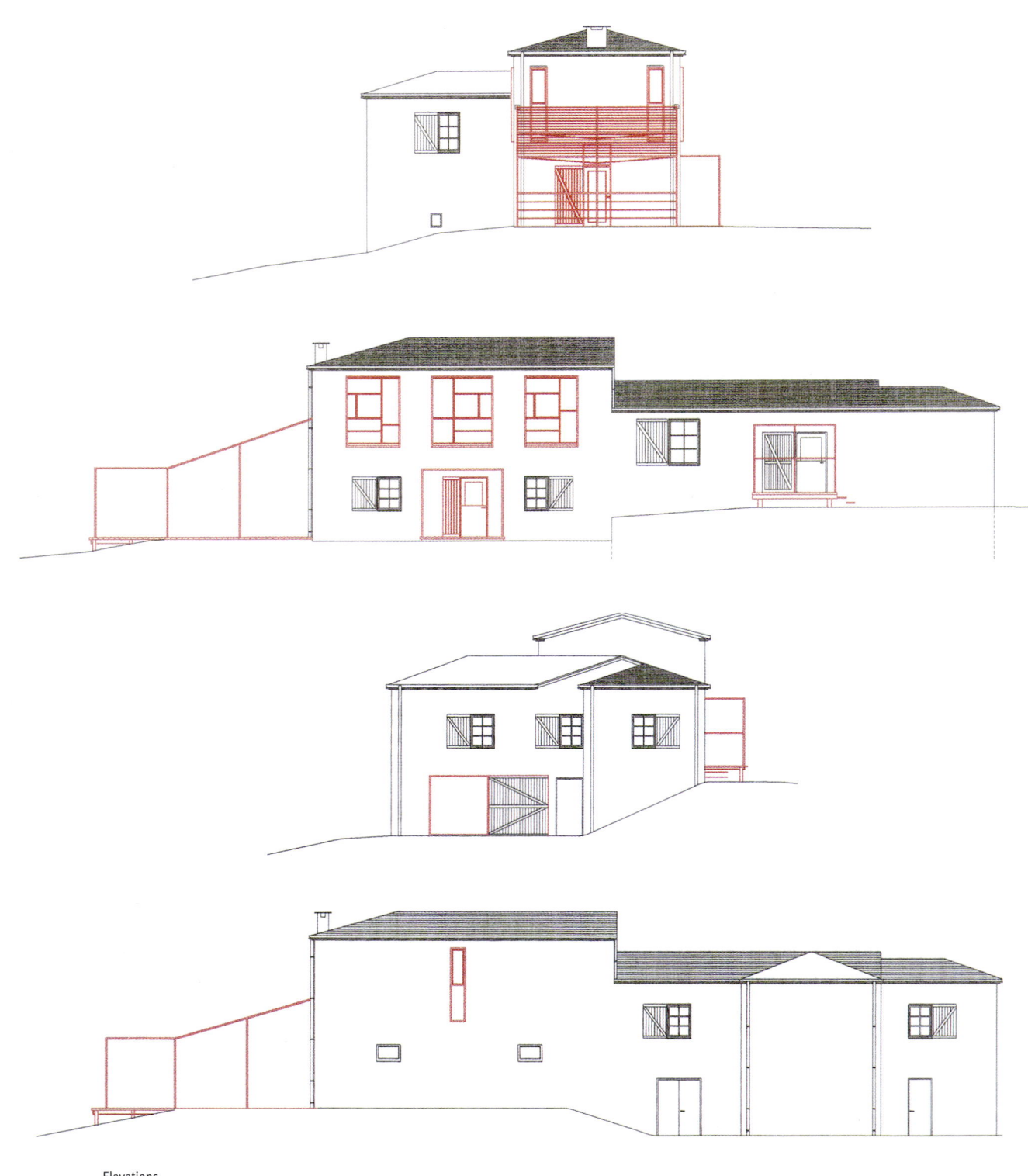

Elevations

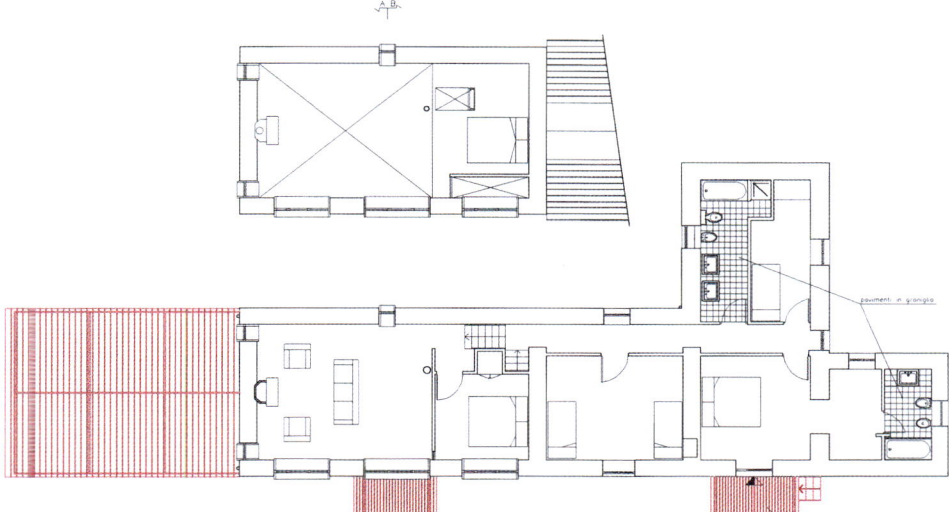

First floor and attic

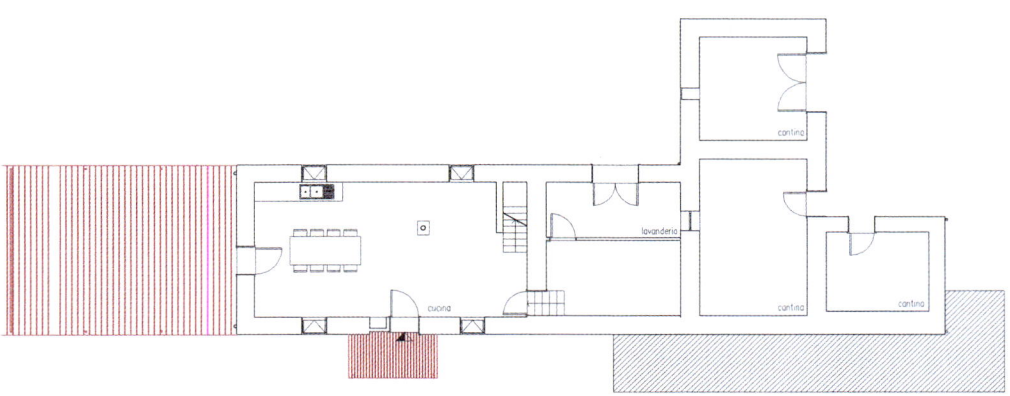

Ground floor

Diagram of accesses

House with a Porch | 129

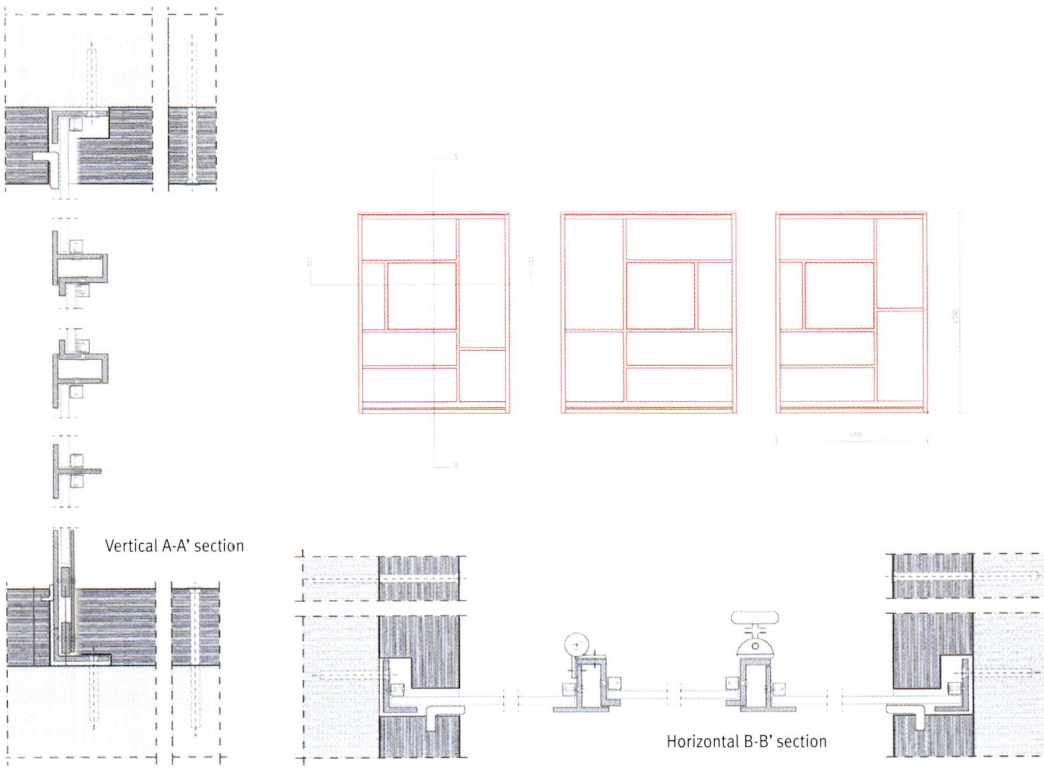

Vertical A-A' section

Horizontal B-B' section

Windows construction details

Sketches of windows

Sketch of vertical windows

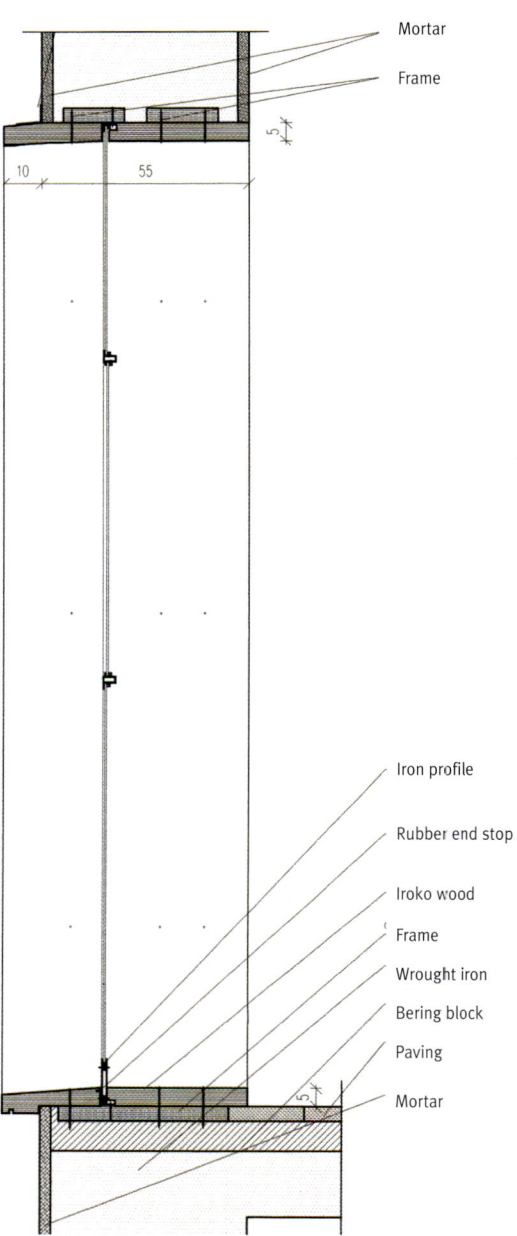

Windows construction detail

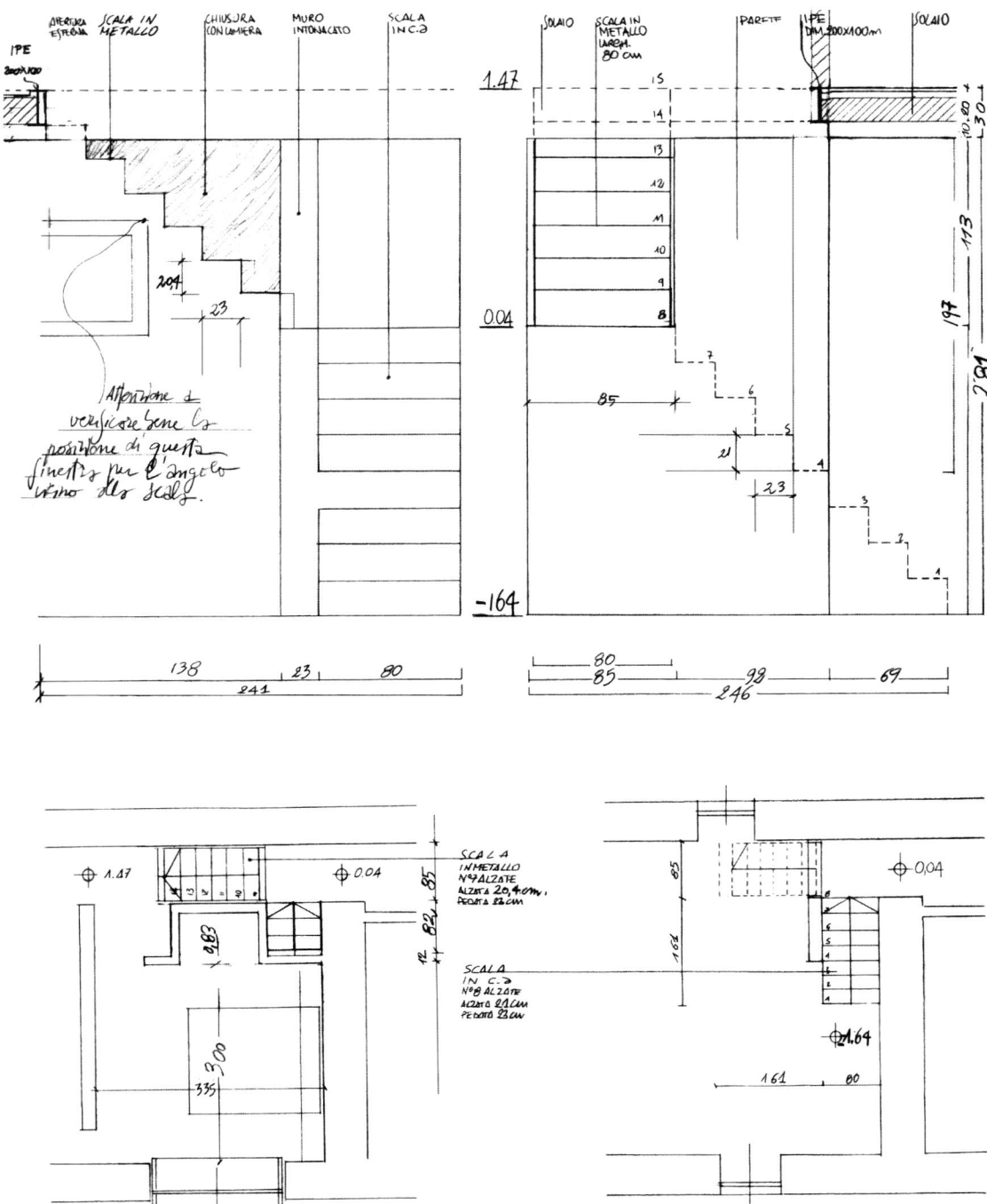

Stairway construction details

Crepain Loft

Jo Crepain

© Jan Verlinde, Ludo Noël
Antwerp, Belgium

Bei der Renovierung wurde die Aufteilung des fünfstöckigen Lagerhauses erhalten, während das im Jahr 1930 errichtete Bürogebäude abgerissen wurde, um Platz für eine Garage und einen zu den Wohnräumen und den Büros führenden Innengarten zu schaffen. Der industriearchitektonische Charakter wurde bewusst erhalten und hervorgehoben - dazu tragen unter anderem die Eisenträger und das aus gewölbtem Mauerwerk bestehende Dach bei. Die neue Fassade wurde mit Aluminiumpaneelen verkleidet, die einen Kontrast zu den restlichen, grau gestrichenen Außenwänden herstellen.

This project preserved the five-story warehouse structure, while the office building of 1930 was demolished to build in its place a garage and an interior garden that provides access to the residence and offices. The architect made use of the original features with a clear industrial character, such as the beams and the vaulted masonry ceiling. The new facade was covered with aluminum panels, contrasting with the rest of the walls, which are painted gray.

Ce projet a respecté la structure initiale d'un ancien entrepôt qui comportait cinq zones en enfilade, tandis que le bâtiment construit ultérieurement en 1930 a été démoli et remplacé par un garage et un jardin intérieur qui dessert la résidence principal et les bureaux. L'architecte a mis en valeur le design industriel de cet ancien entrepôt, exploitant notamment les poutrelles et la délicate maçonnerie du plafond voûté. La nouvelle façade a été recouverte de panneaux en aluminium qui contrastent avec les autres murs peints en gris.

In dit verbouwingsproject zijn de vijf verdiepingen van het pakhuis intact gelaten, terwijl het kantoorgebouw uit 1930 is afgebroken en vervangen door een garage en een binnentuin met toegang tot woonhuis en kantoren. De architect maakte goed gebruik van authentieke elementen met een duidelijk industrieel karakter, zoals de balken en het gemetselde plafondgewelf. De nieuwe gevel is bekleed met aluminium platen, die contrasteren met de overige, grijs geverfde muren.

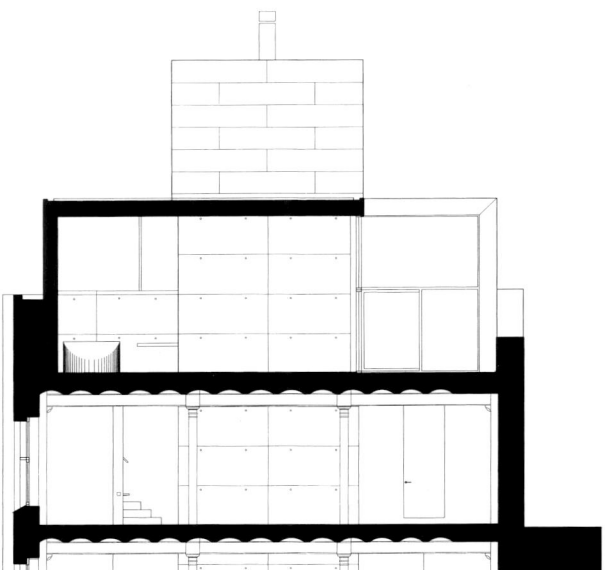

Cross section

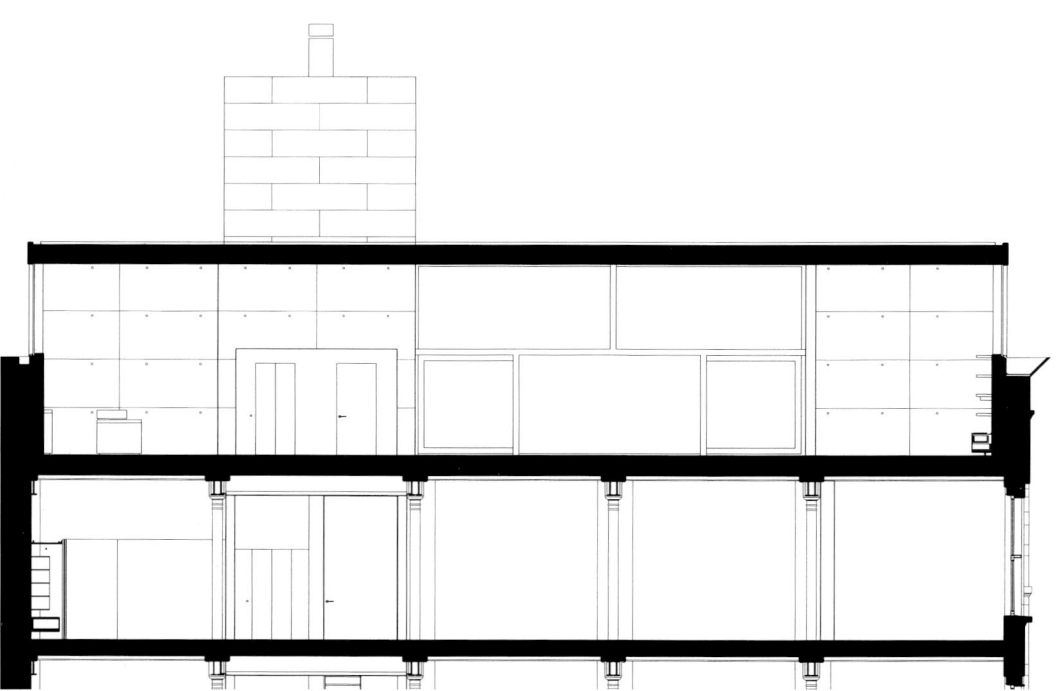

Longitudinal section

CREPAIN LOFT | 139

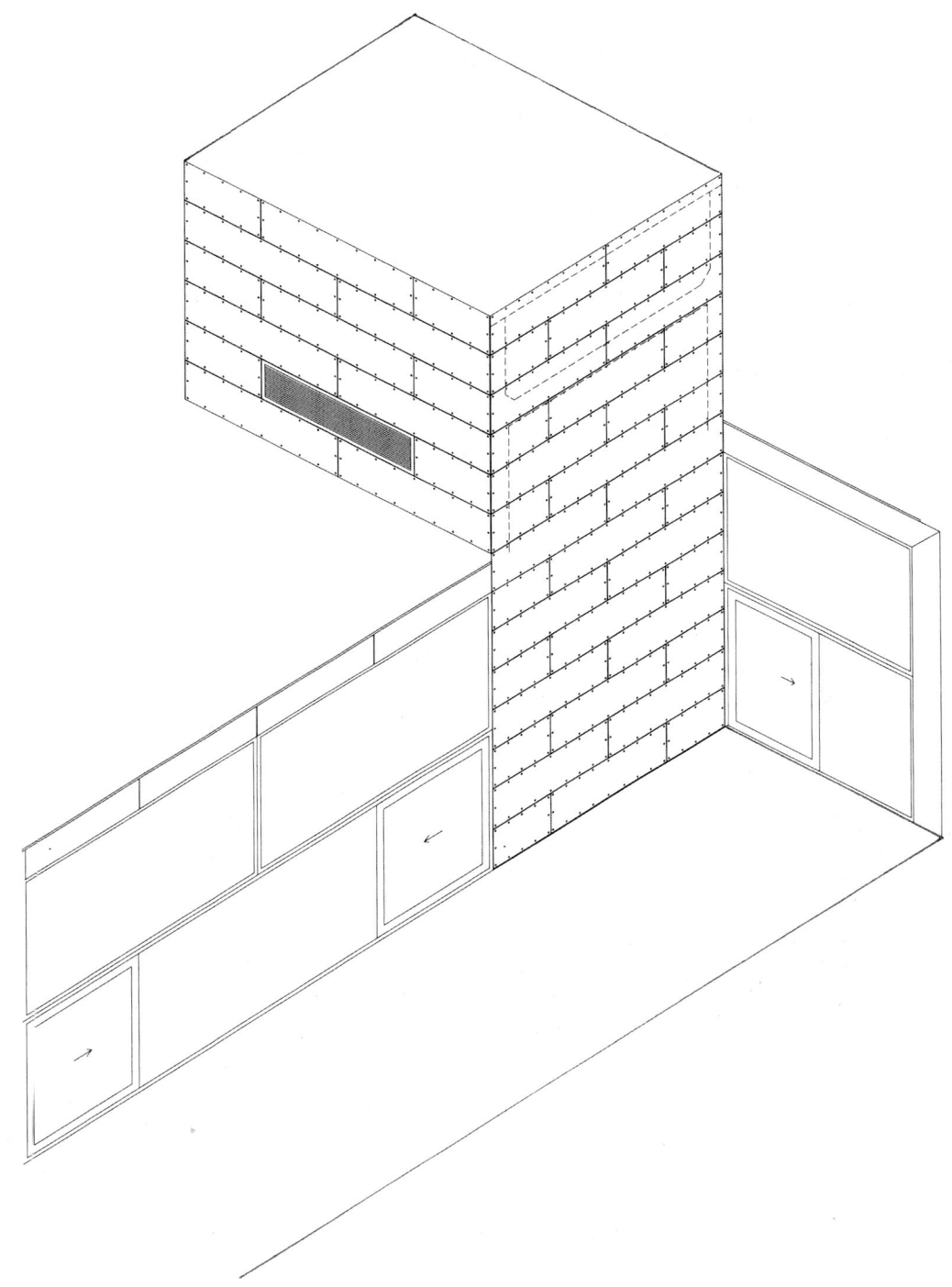

Perspective

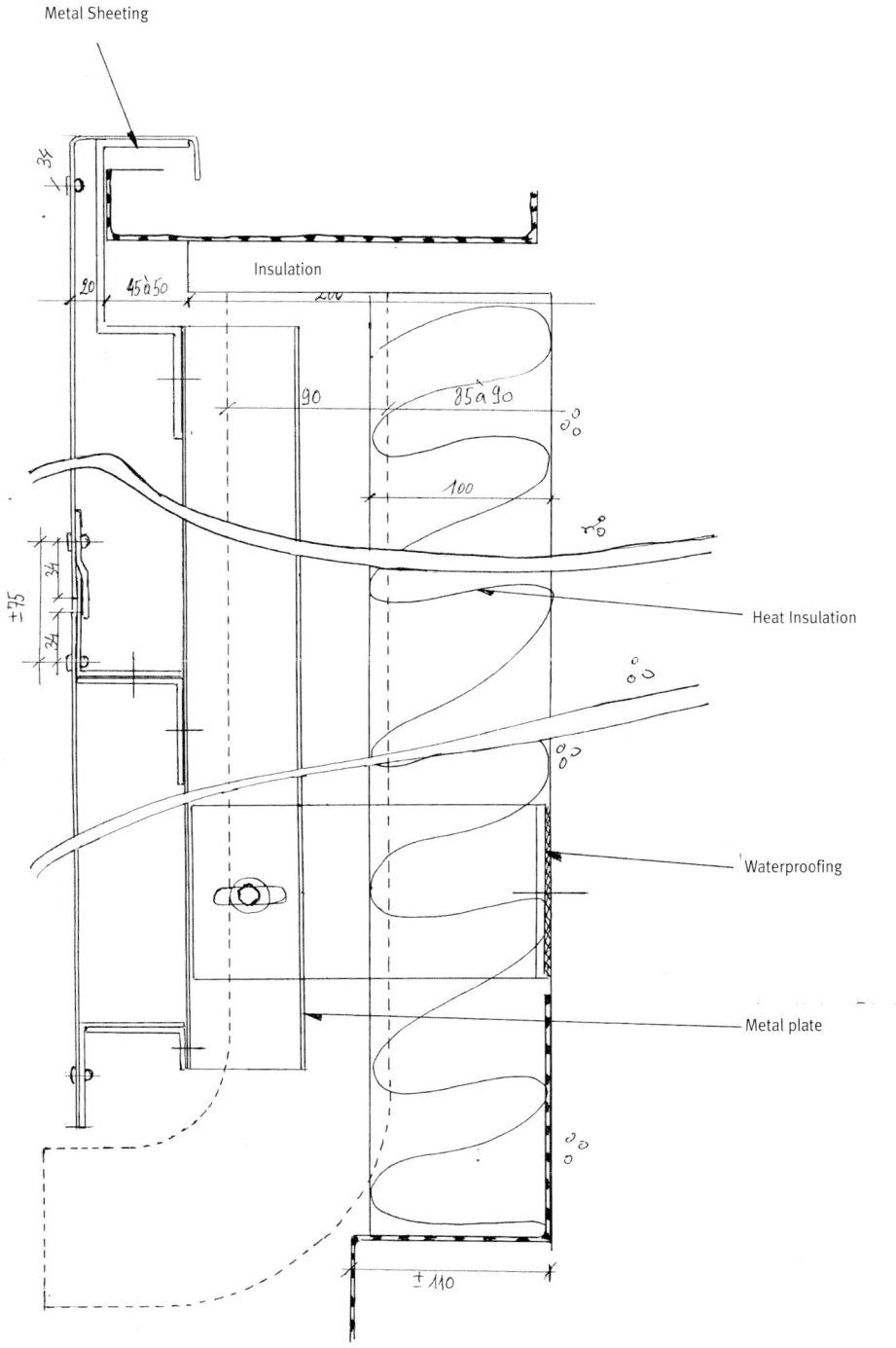

Detail of façade and roof

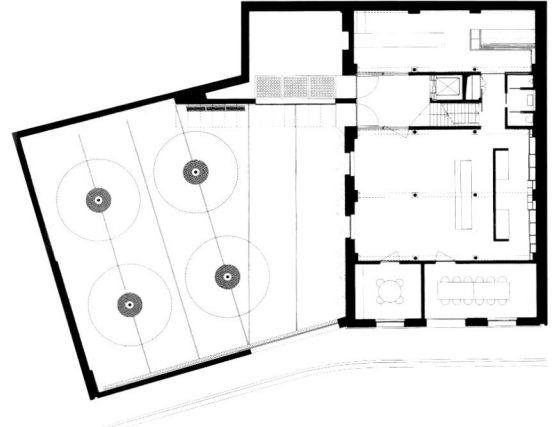

Ground floor

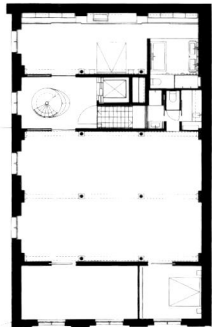

First floor

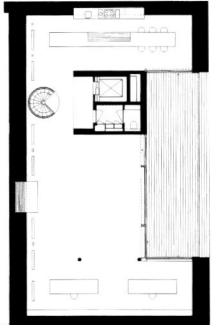

Second floor

CREPAIN LOFT | 145

TEMPLE OF LOVE

DIRK JAN POSTEL/KRAAIJVANGER

© CHRISTIAN RICHTERS
BURGUNDY, FRANCE

Bei diesem außergewöhnlichen Projekt integriert sich das Gebäude wunderbar in die atemberaubende umliegende Landschaft. Grundlage ist ein Gewölbe, das zufällig in einer während des Krieges zerstörten Eisenbahnbrücke entdeckt wurde. Das Gebäude aus massivem Mauerwerk hat zwei Ebenen: Eine liegt auf der Höhe des Flussufers, die andere auf der Ebene der alten Straße. Das Dach wird von Paneelen aus laminiertem Glas getragen, um einen 360-Grad-Panoramablick auf die herrliche Landschaft zu ermöglichen

This peculiar design for using the building and the magnificent natural surroundings of the area stemmed from the accidental discovery of a domed room inside an old railroad station destroyed during the war. This robust masonry building has two levels, one at the height of the river's edge and the other at the level of the old road. Because of the location, the roof was designed to be supported by laminated glass panels whose function was to provide a 360-degree panoramic view.

L'apparence singulière de ce bâtiment et son cadre naturel splendide procèdent de la découverte accidentelle d'une belle pièce voûtée, vestige d'une ancienne gare détruite pendant la guerre. Cette construction massive comprend deux étages, l'un au niveau du lit d'une rivière et l'autre à celui de l'ancienne route. Pour valoriser au mieux ce site perché sur un promontoire, le toit est soutenu par des panneaux en verre feuilleté permettant à la pièce d'être ouverte sur une vue à 360 degrés.

Dit aparte ontwerp voor het gebouw en de schitterende omgeving ervan vloeide voort uit de toevallige ontdekking van een koepelkamer in een oud treinstation dat in de oorlog verwoest werd. Het robuuste, gemetselde gebouw heeft twee verdiepingen, één ter hoogte van de rivieroever en één ter hoogte van de oude weg. Vanwege de locatie werd het dak geschraagd met glasplaten, die zorgen voor een uitzicht van 360 graden.

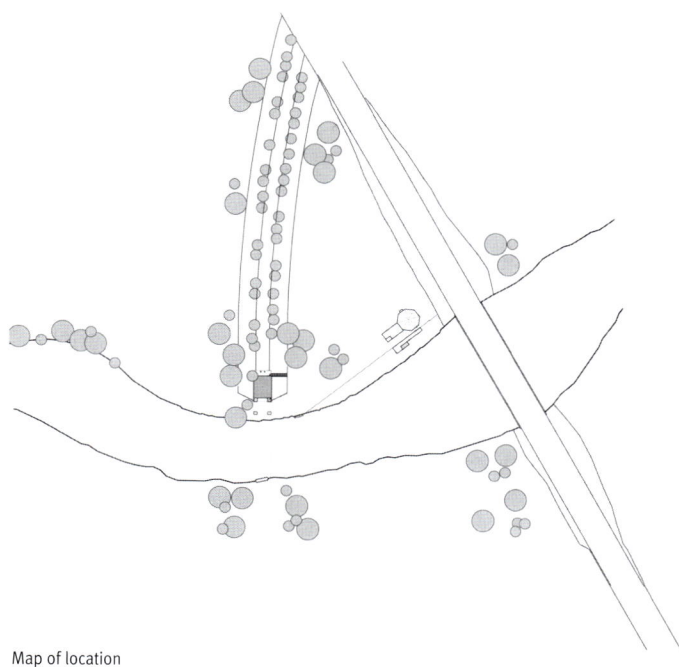

Map of location

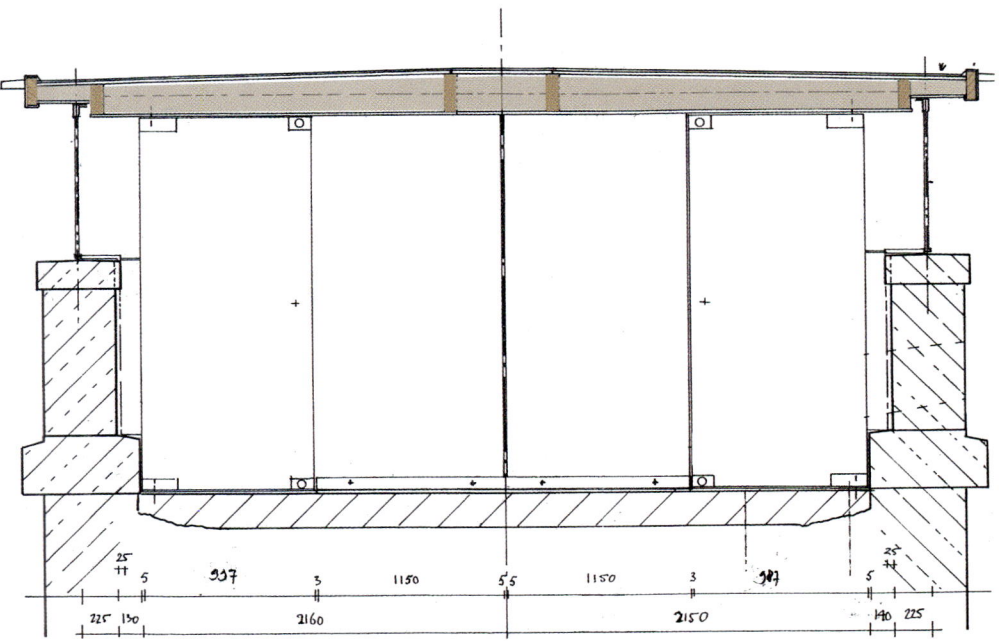

Detail of section

TEMPLE OF LOVE | 149

Ground floor

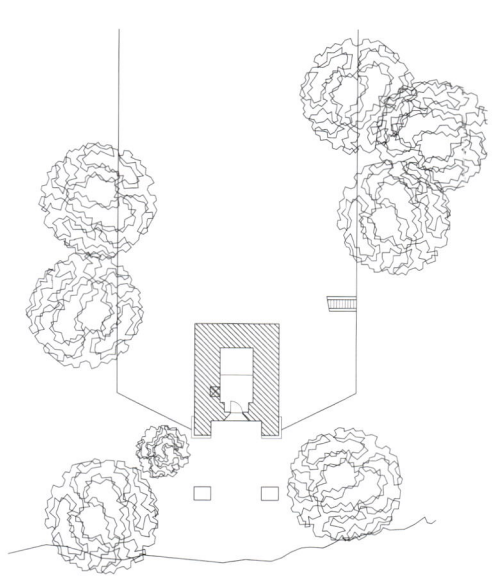

Cellar floor

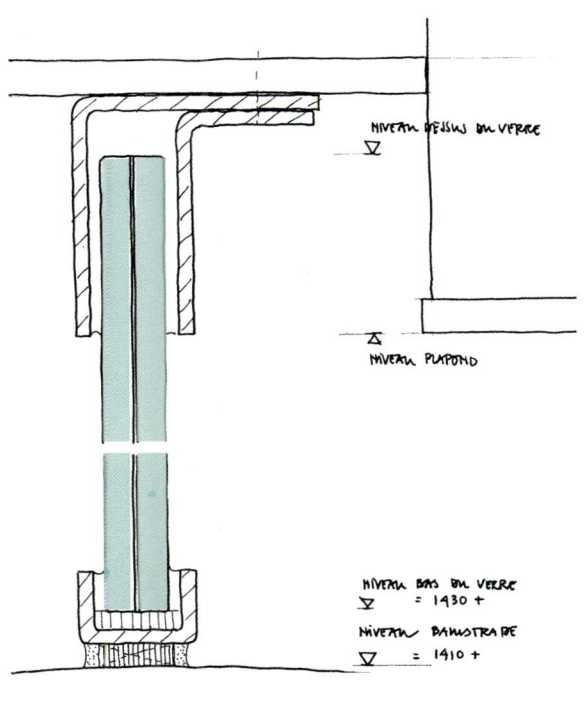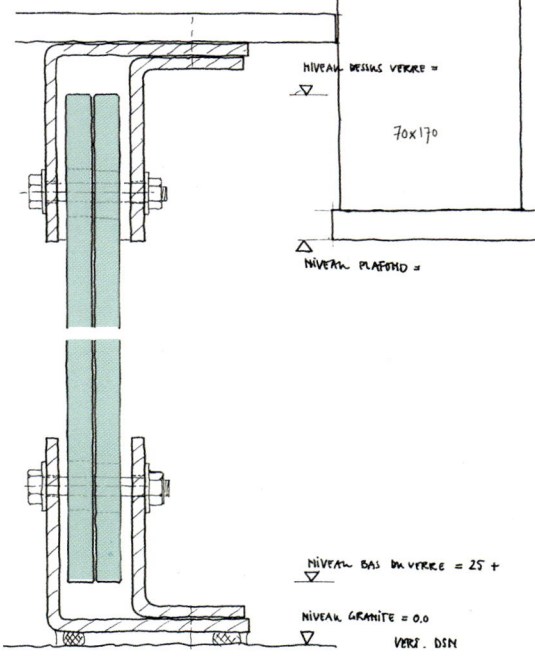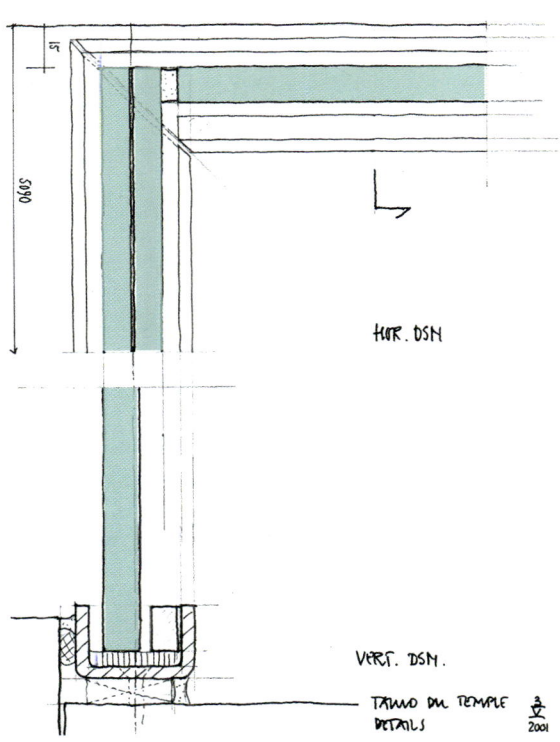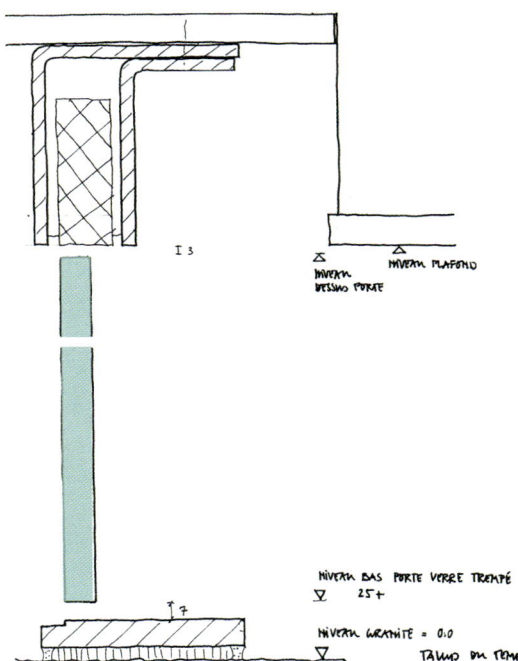

Detail of glass walls

Section

Elevation

152 | Temple of Love

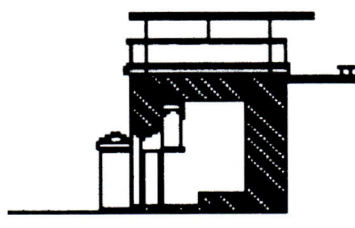

Section

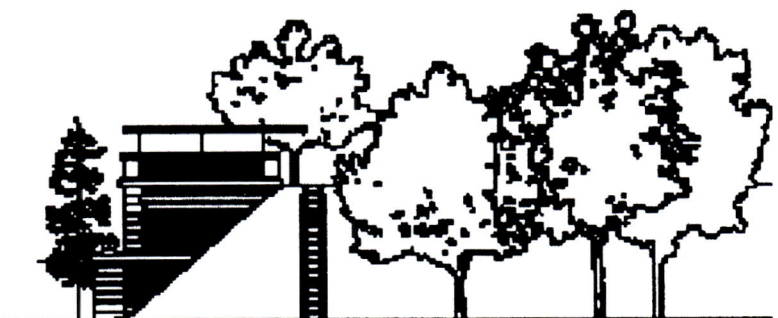

Elevation

CA LA MOSTERA

IÑAKI ALDAY & MARGARITA JOVER BIBOUM

© JORDI BERNADÓ
MONELLS, GIRONA, SPAIN

Die Renovierung des alten, einst landwirtschaftlich genutzten Gebäudes wurde mit Hilfe regionaltypischer Materialien vorgenommen - dabei wurde es trotz des ruralen Charakters vermieden, dem Ganzen eine rustikale Note zu verleihen. Die Beleuchtung des Souterrains, in dem ursprünglich der Pferdestall sowie die Kellerräume lagen, war eine der großen Herausforderungen des Projekts. Um einen intensiven Lichteinfall ins Innere des Gebäudes zu ermöglichen, wurden mehrere konische, mit verzinktem Stahl verkleidete Öffnungen in die Wände eingelassen, die von außen nahezu unsichtbar sind.

This reform consists of adapting an old agricultural building, using local materials, without pursuing a rural inspiration with rustic undertones. One of the problems that had to be resolved was the lighting in the semi-basement, where the stables and the cellar were originally located. Several tapered openings, made using galvanized steel, were incorporated into the walls, allowing a lot of light to penetrate the interior while they can barely be seen from the outside.

La rénovation a été guidée par l'idée de moderniser une bâtisse à vocation agricole, en faisant appel aux matériaux de construction disponibles localement, mais sans se cantonner à des sources d'inspiration rurale aux teintes pseudo rustiques. Le problème de l'éclairage de l'entresol, qui servait initialement d'étable et de cellier, a dû être solutionné. Plusieurs soupiraux en acier galvanisé ont été insérés dans le mur de façade. Ces petites lucarnes carrées laissent pénétrer suffisamment de lumière à l'intérieur tout en présentant l'avantage esthétique d'être à peine visibles depuis la cour extérieure.

Bij deze verbouwing werd een oud agrarisch gebouw gerenoveerd met plaatselijke materialen, zonder achterliggende bedoelingen het een rustieke uitstraling te geven. Een van de problemen bij de verbouwing was de lichtinval in het souterrain, waar vroeger de stallen en de kelder lagen. Er werden taps toelopende openingen in de muren gemaakt van verzinkt metaal, die vanbuiten nauwelijks te zien zijn, maar wel veel daglicht binnenlaten.

Map of location

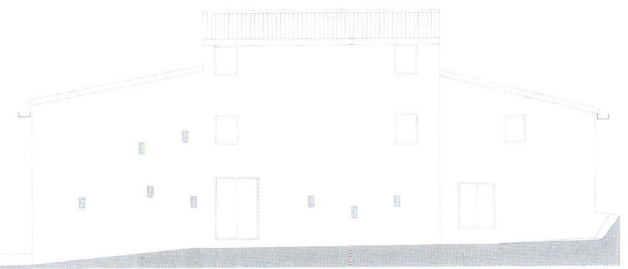

Elevation

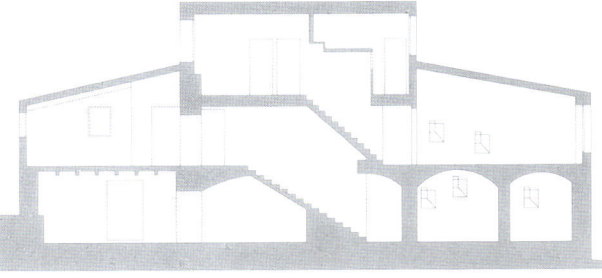

Section

Ca La Mostera | 157

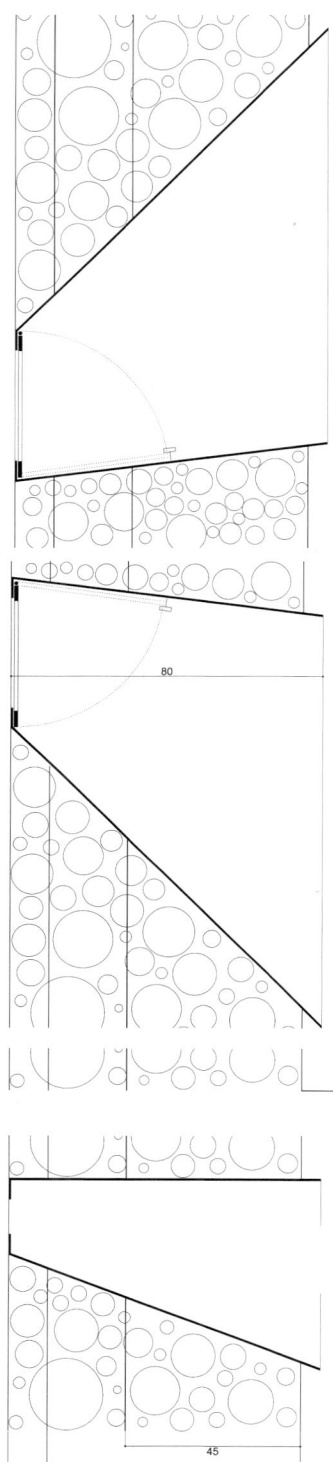

Detail of floor plan of windows

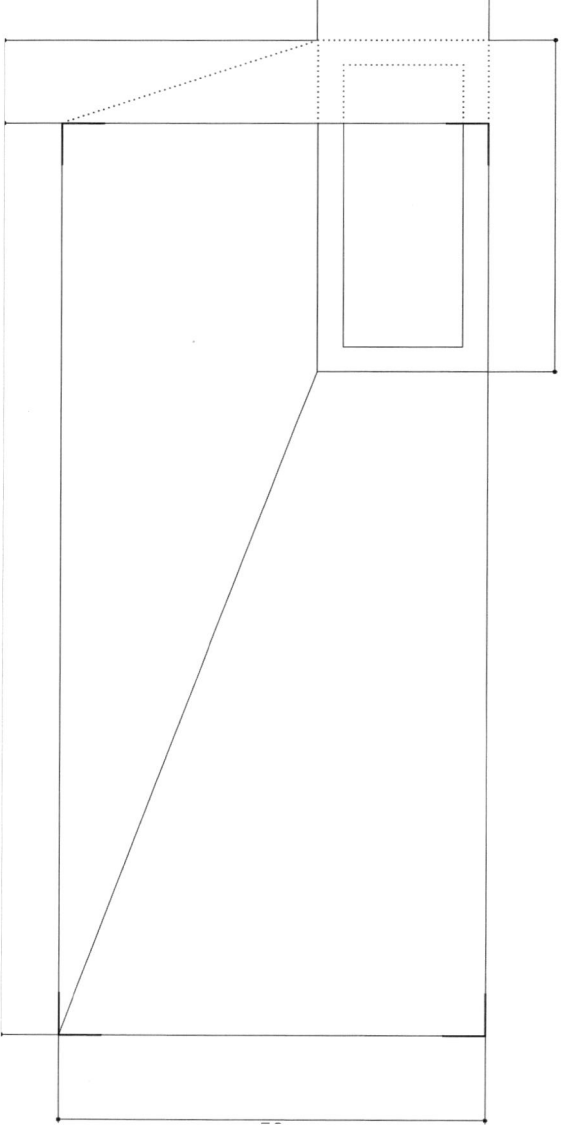

Detail of side view of windows

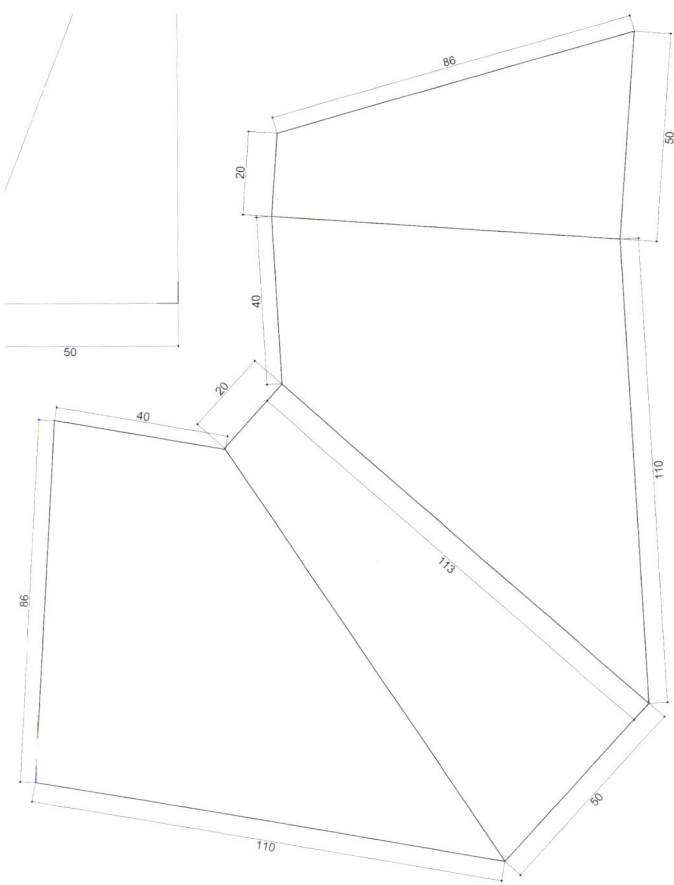

Layout of galvanized steel sheet

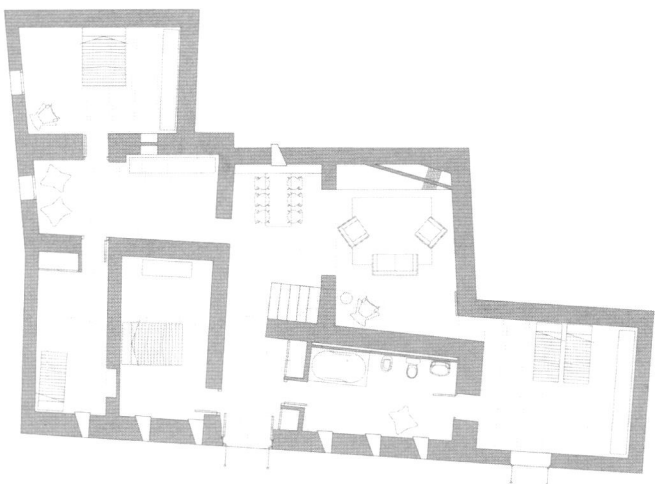

Ground floor

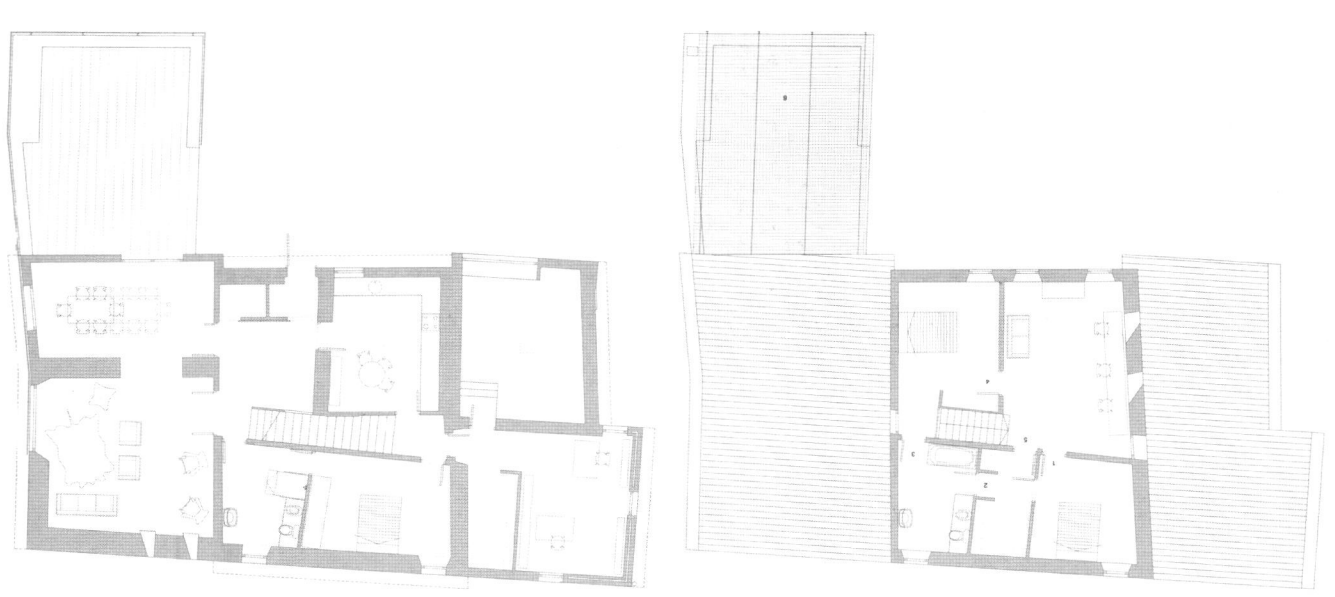

First floor

Second floor

Sketch

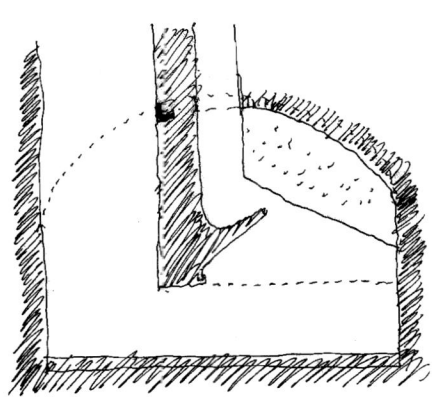

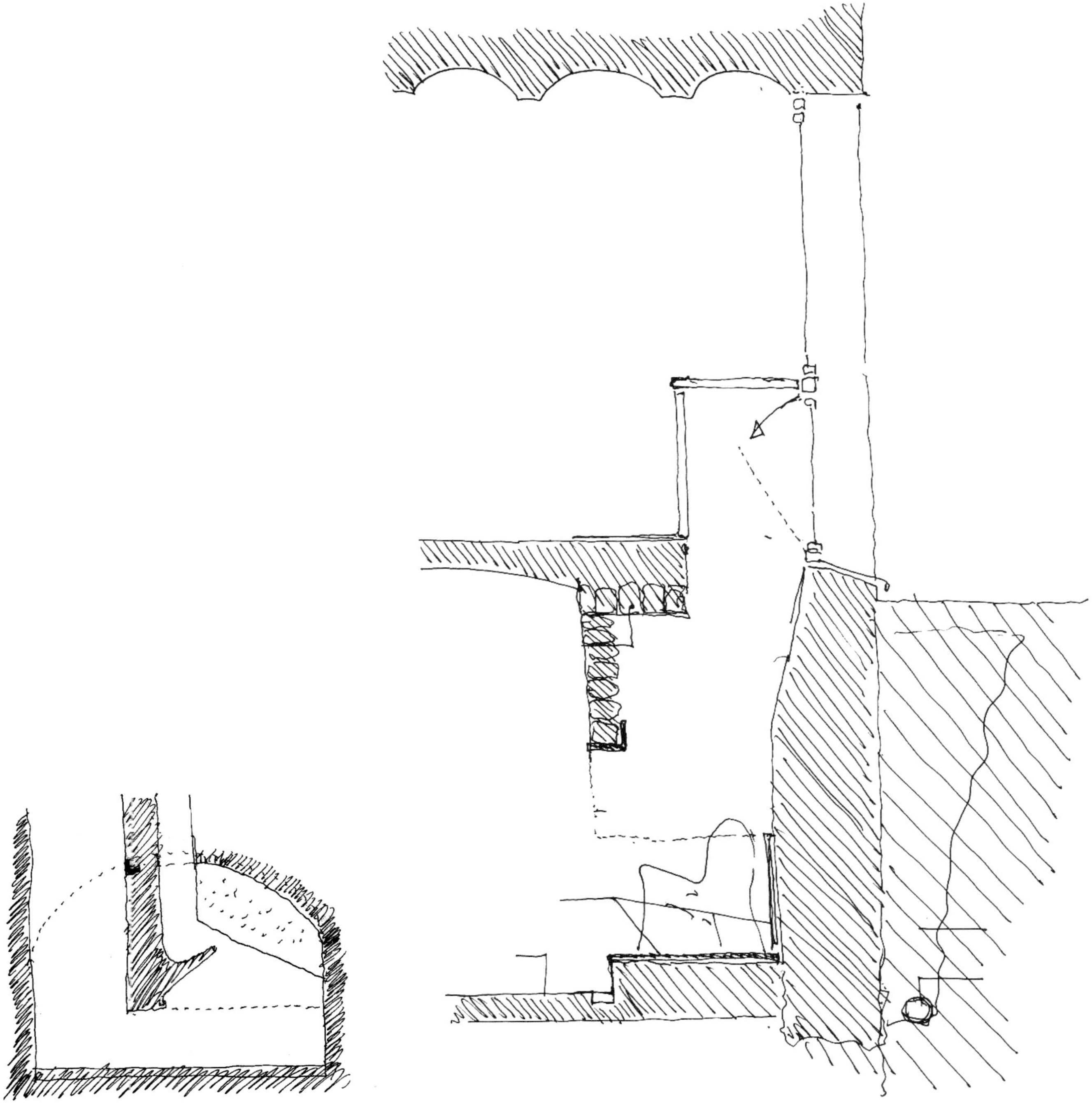

Sketches of sections

1 House + 1 House = 1 room

Enric Miralles & Benedetta Tagliabue

© Jordi Miralles
Barcelona, Spain

Das Ziel des Projekts, das im Juni 2000 mit dem FAD-Preis (Kunst- und Designförderungspreis) ausgezeichnet wurde, bestand darin, zwei kleine Häuser in ein einziges größeres Haus zu verwandeln. In einem der Gebäude wurde das zentrale Gerüst des Bodens und des Daches teilweise entfernt, um einen Verbindungsgang zu schaffen, der die beiden Häuser zu einer Einheit werden lässt. Eines der Hauptziele war es, den Geist des alten Gebäudes zu erhalten - dafür wurden unter anderem die verschiedenen, im Laufe der Zeit aufgetragenen Farbschichten freigelegt.

The project, which was awarded the FAD (Promotion of Decorative Arts) Prize in Interior Design in June 2000, consisted of converting two small houses into a single house. In one of the houses, the central framework of the floor and the roof were partially removed and a catwalk was installed, connecting both spaces. One of the main goals of this project was to preserve the spirit of the old building and some of the different layers of paint accumulated over time were left exposed.

Ce projet de rénovation, qui a obtenu le prix FAD (Promotion des Arts Décoratifs), dans la catégorie « Architecture et décoration intérieure » en juin 2000, consistait à fusionner complètement deux habitations pour n'en faire plus qu'une. Dans l'une des deux maisons, la structure du sol et du toit a été détruite de manière à faciliter l'installation d'une passerelle reliant les deux espaces. La philosophie de cette rénovation était de préserver autant que possible l'esprit des constructions d'origine. Certaines des anciennes couches de peintures superposées d'époque en époque ont ainsi été conservées et restent apparentes.

Dit project, dat in juni 2000 een grote Spaanse architectuurprijs kreeg, bestond uit het verbouwen van twee kleine huisjes tot één huis. In een van de huizen werd het centrale geraamte van vloer en dak deels verwijderd om plaats te maken voor een loopbrug tussen beide woondelen. Een van de hoofddoelen van dit project was het behoud van de sfeer van het oude gebouw; daarom zijn verschillende lagen verf die er door de jaren heen waren aangebracht her en der zichtbaar gelaten.

166 | 1 House + 1 House = 1 Room

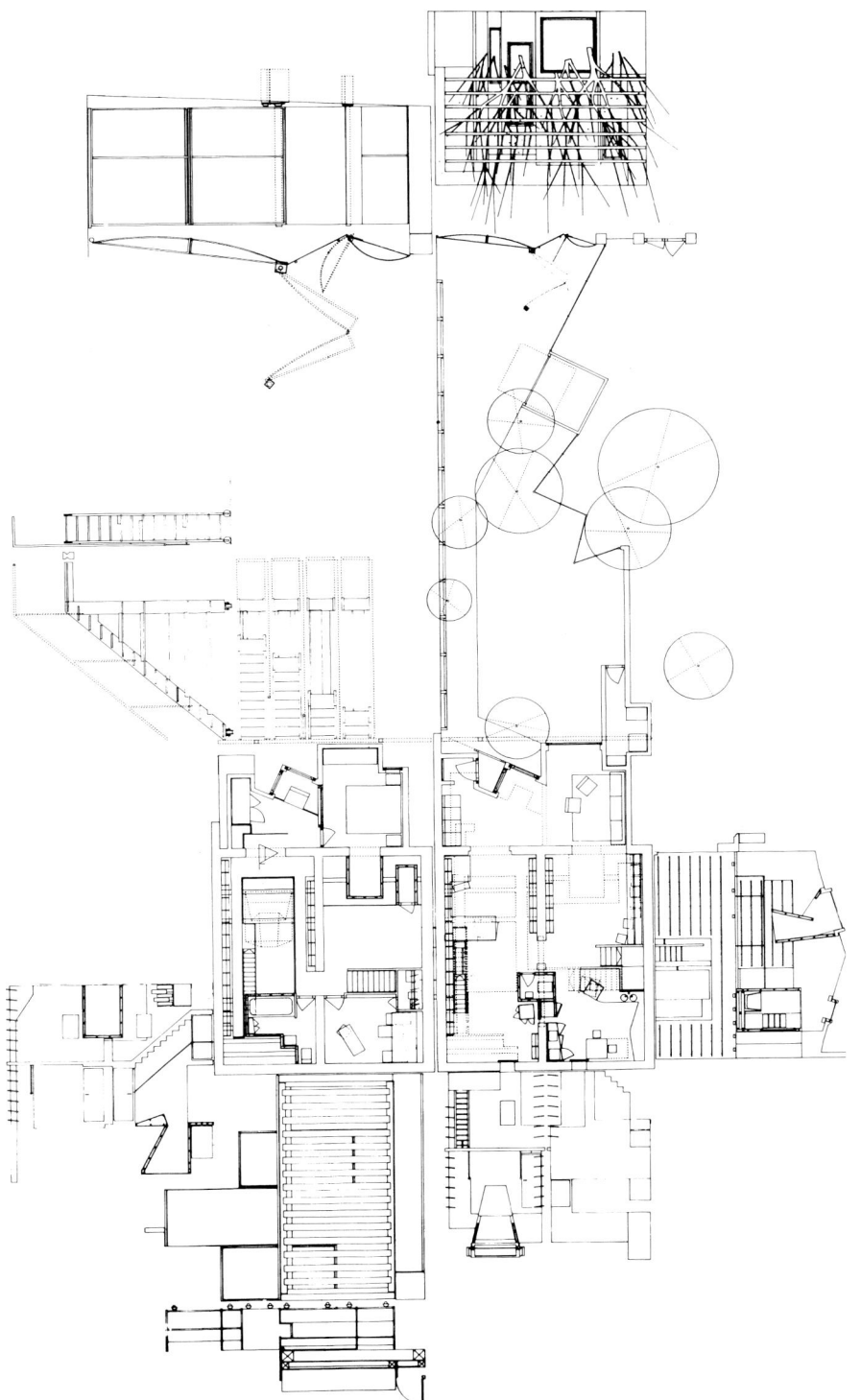

Floor plans, elevations and sections of the project

1 House + 1 House = 1 Room

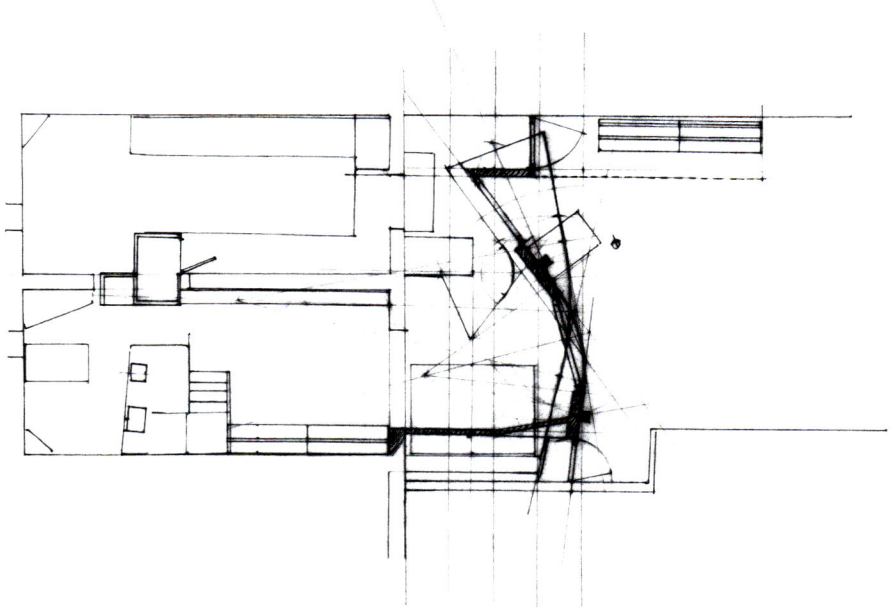

Detail

Model

1 House + 1 House = 1 Room | **169**

Mas Cantallops

Miquel Capdevila

© Jovan Horvat
Olot, Spain

Dieses Projekt bestand darin, ein altes Bauernhaus in zwei Schritten umzugestalten. Der erste Schritt beinhaltete die Verwandlung des alten Getreidespeichers in ein Wohnhaus, der zweite umfasste die Renovierung des Bauernhauses zu einem Ferienhaus für Touristen. Vom vormaligen Getreidespeicher aus genießt man den Ausblick auf die umliegende Landschaft mit ihren Äckern und Wäldern. Die vorher komplett offene Fassade wurde daher mit einer Glaswand ausgestattet. Auf diese Weise steht jedes der Schlafzimmer einerseits in direktem Kontakt mit der Natur und wird andererseits mit Tageslicht versorgt.

This project consisted of remodeling a farmhouse, including two different phases: the transformation of the old granary into a new house, and the renovation of the farmhouse into a rural lodging house for tourists. The old granary had the opportunity to enjoy the views of the surrounding fields and woods and therefore a decision was made to cover the previously open façade with a glass wall. This way every bedroom is in direct contact with nature and enjoys natural lighting.

La rénovation de cette ancienne ferme a été réalisée en deux étapes : la transformation des greniers à grains en une maison d'habitation fonctionnelle et la réhabilitation du corps de ferme, remodelé en gîte rural. L'ancien grenier présente l'avantage de bénéficier d'une vue splendide sur les champs et les bois avoisinants, il a donc été décidé d'en remplacer la façade par d'immenses baies vitrées. Grâce à cet aménagement, toutes les chambres permettent à leurs hôtes d'être en contact direct avec la nature et de profiter d'une belle lumière naturelle.

De verbouwing van deze boerderij verliep in twee fasen: het ombouwen van de oude graanschuur tot een nieuw huis en de renovatie van de boerderij tot een landelijk gelegen pension voor toeristen. Omdat de oude graanschuur uitkeek over de omringende weilanden en bossen werd besloten de oude open façade te voorzien van een glazen wand. Als gevolg daarvan staan alle slaapkamers in direct contact met de natuur en baden ze in het daglicht.

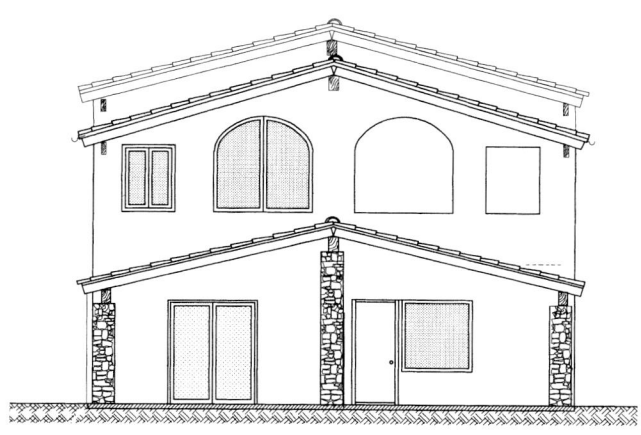
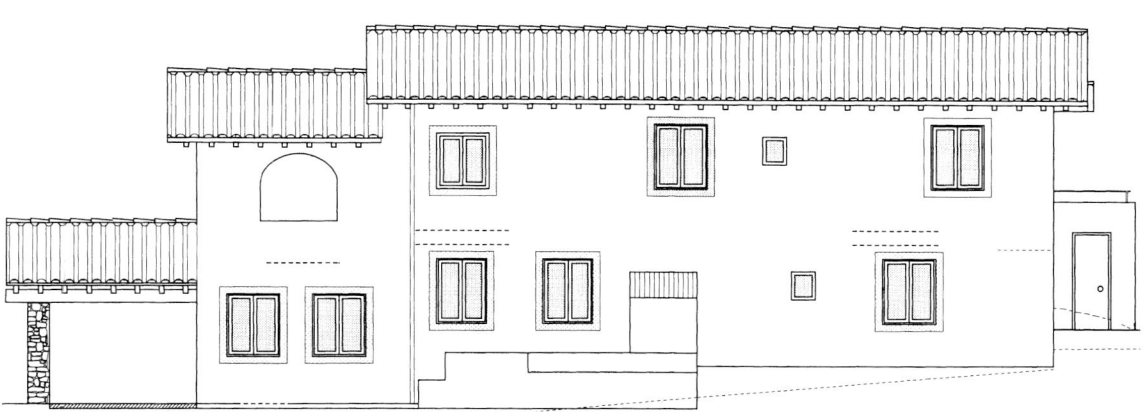
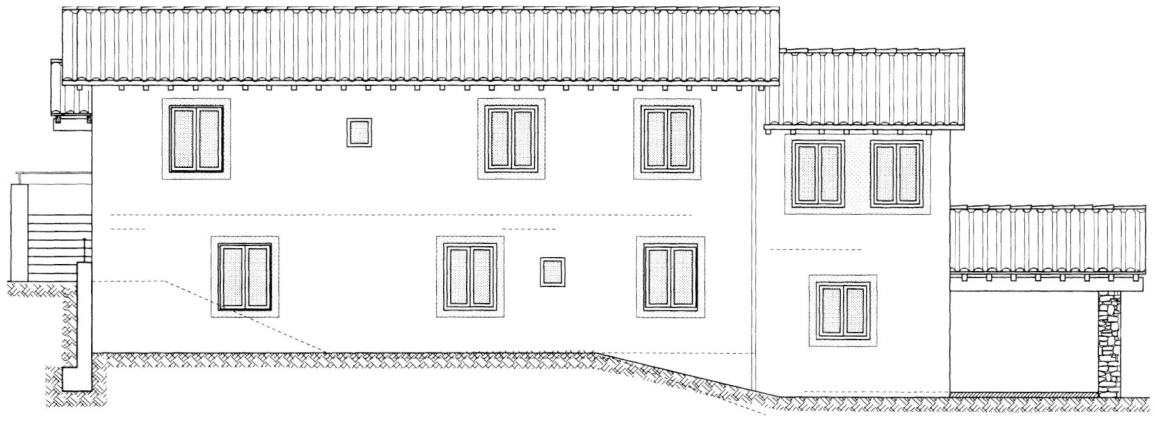

Elevations

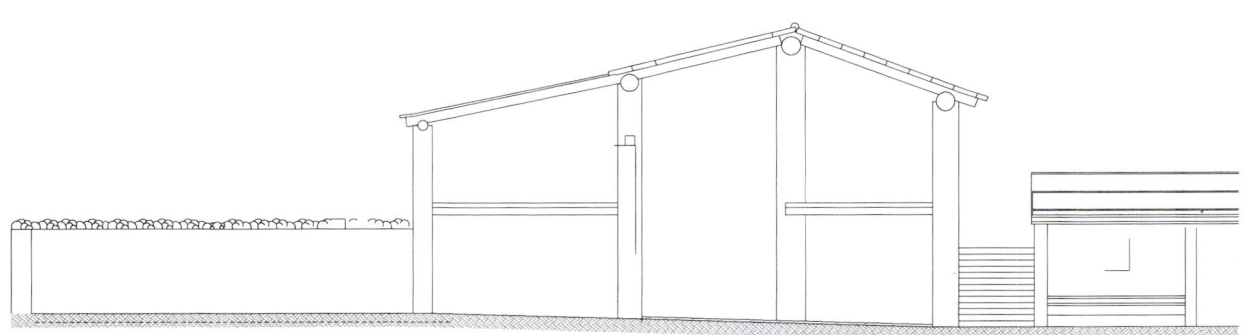

Longitudinal section before reform

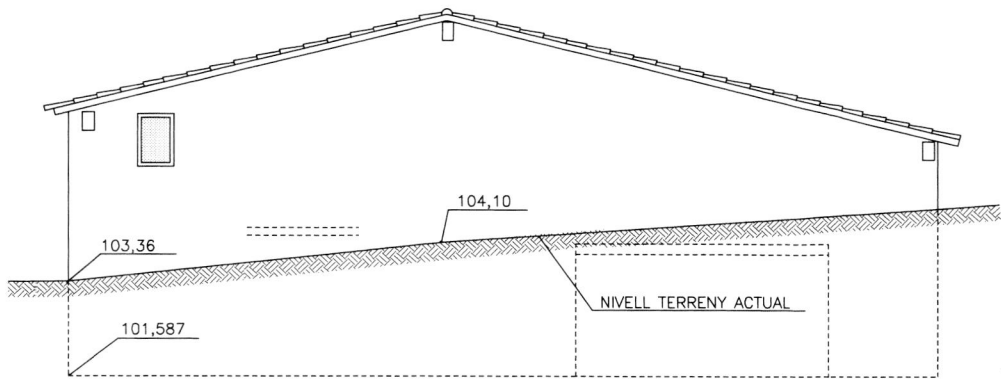

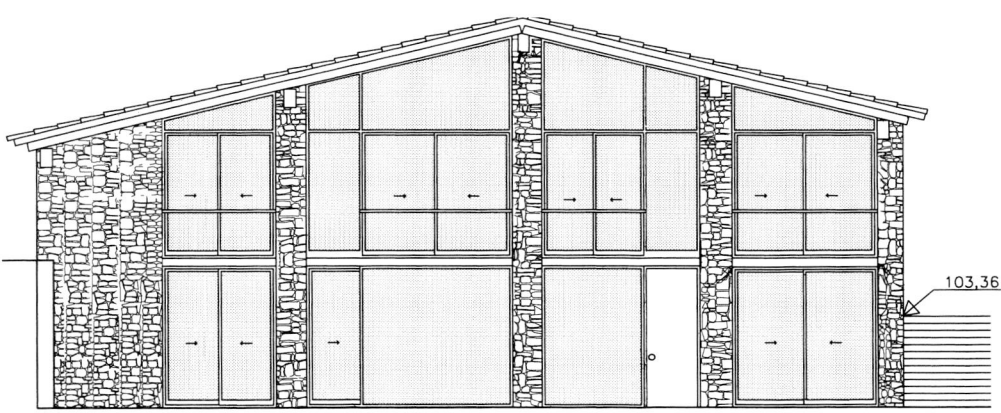

Elevations

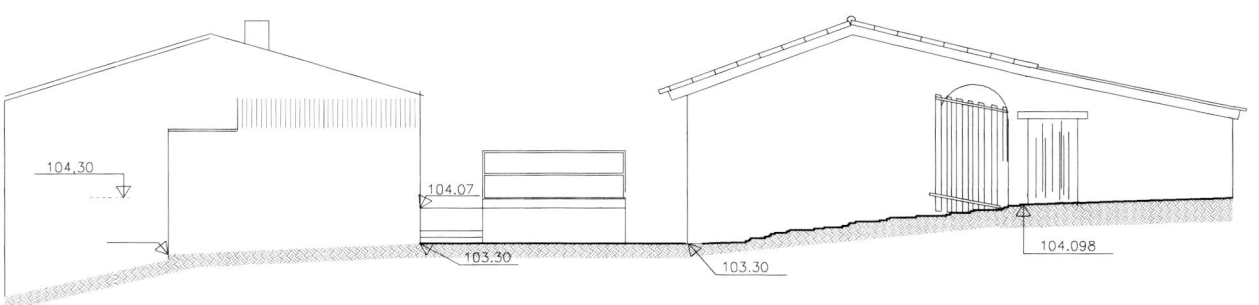

Section of buildings before reform

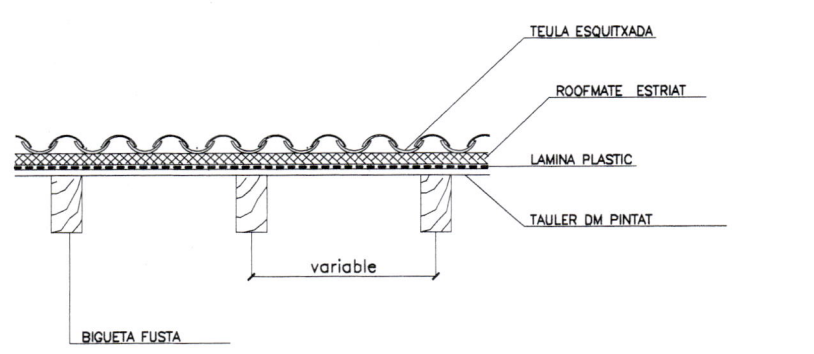

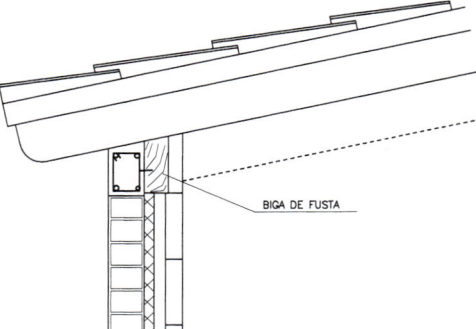

Details of roofs

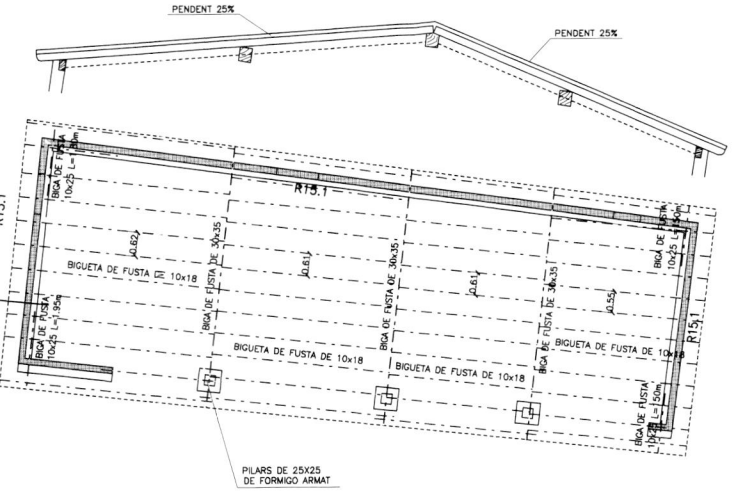
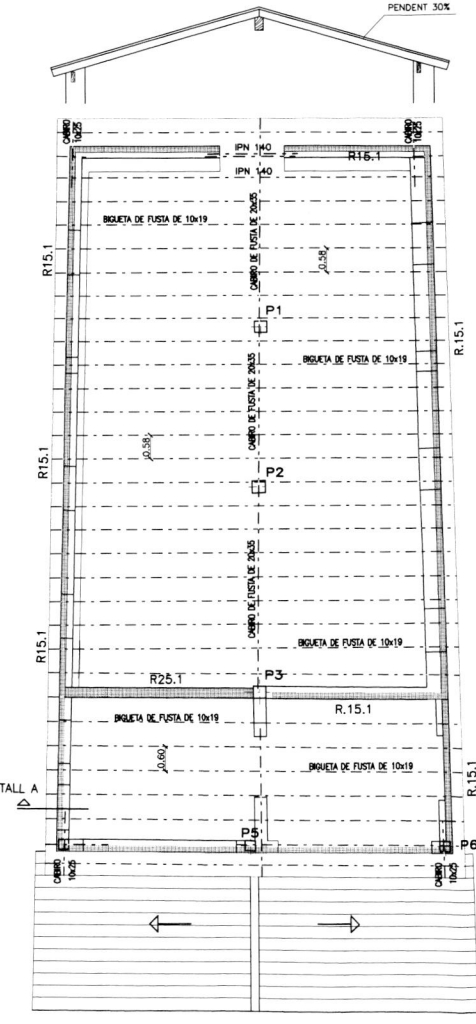

Plan of structures

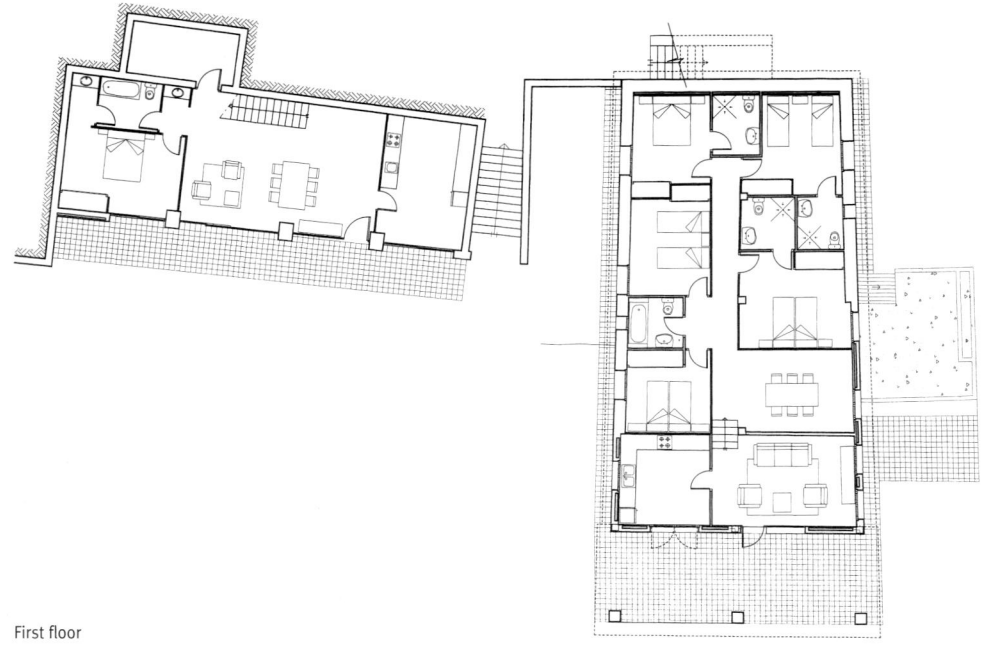

First floor

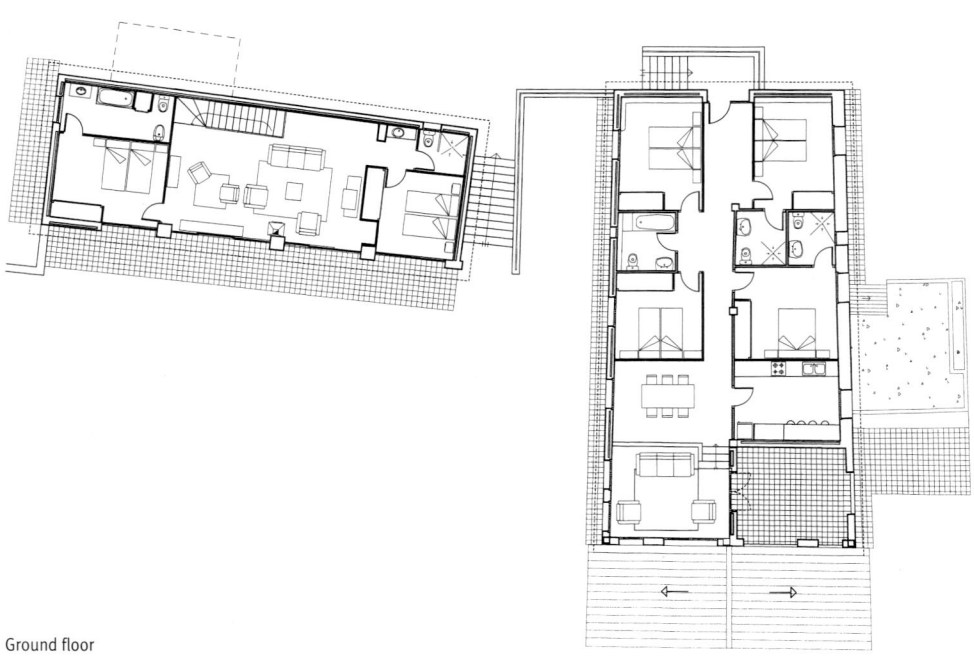

Ground floor

Jote Apartment

Andrade Morettin Arquitetos

© Nelson Kon
São Paulo, Brazil

Das Prudência-Gebäude wurde Ende der 1940er Jahre in einem zentral gelegenen Wohnviertel in São Paolo errichtet. Ziel der Wohnungsrenovierung war es, die Kommunikation zwischen den Raumeinheiten neu zu definieren. Dabei sollten die Übergänge zwischen den Räumen fließender gestaltet werden, gleichzeitig aber die Möglichkeit bestehen, bei Bedarf einen Raum von den anderen zu trennen. Der Flur wurde durch den Einbau einer L-förmigen Balkenstruktur aufgewertet und stellt nun mehr als nur einen Durchgang dar.

The Prudência complex was built at the end of the forties in one of the residential neighborhoods in downtown São Paulo. The renovation of one of the apartments was based on a plan to redefine the communication between the spaces in an attempt to make them more fluid, but at the same time allowing a space to be separated from the others if desired. An L-shaped beam structure was installed, transforming the hallway into a space that is something more than a passageway.

Le complexe immobilier Prudência a été construit à la fin des années 1940 dans l'un des quartiers résidentiels du centre-ville de Sao Paulo. La rénovation de cet appartement avait pour but de mieux relier les pièces entre elles, tout en permettant la création d'espaces séparés, privés, plus intimes. Une poutre métallique en forme de L a été installée, donnant un cachet spécial au hall d'entrée.

Het Prudênciacomplex is eind jaren veertig gebouwd in een centraal gelegen woonwijk van São Paolo. De renovatie van een van de appartementen was gebaseerd op een plan om de ruimten vloeiender in elkaar te laten overlopen, terwijl er ook een ruimte overbleef om je desgewenst in af te zonderen. Er werd een L-vormige balkenstructuur aangebracht, waarmee de gang werd omgevormd tot een ruimte die meer inhoudt dan een eenvoudige doorgang.

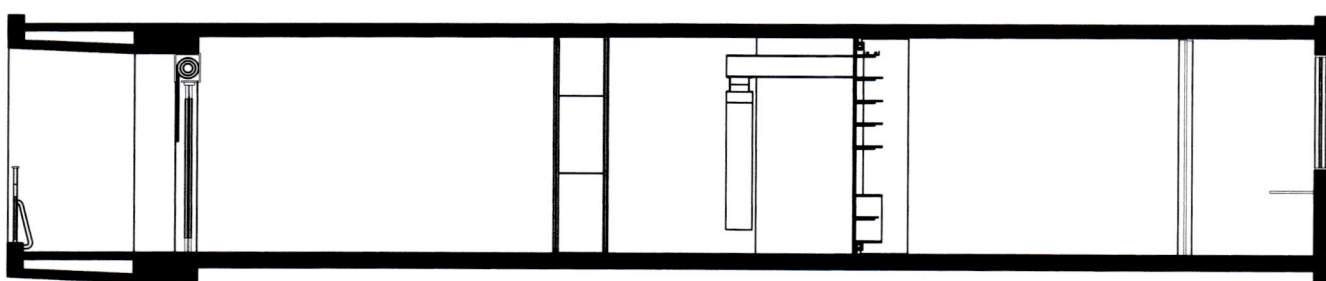

Cross section

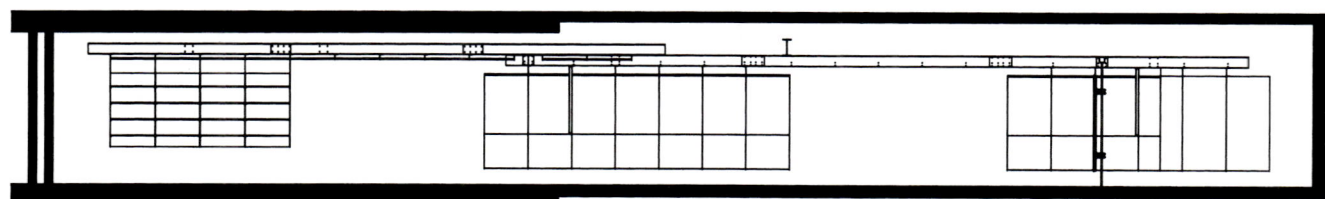

Longitudinal section

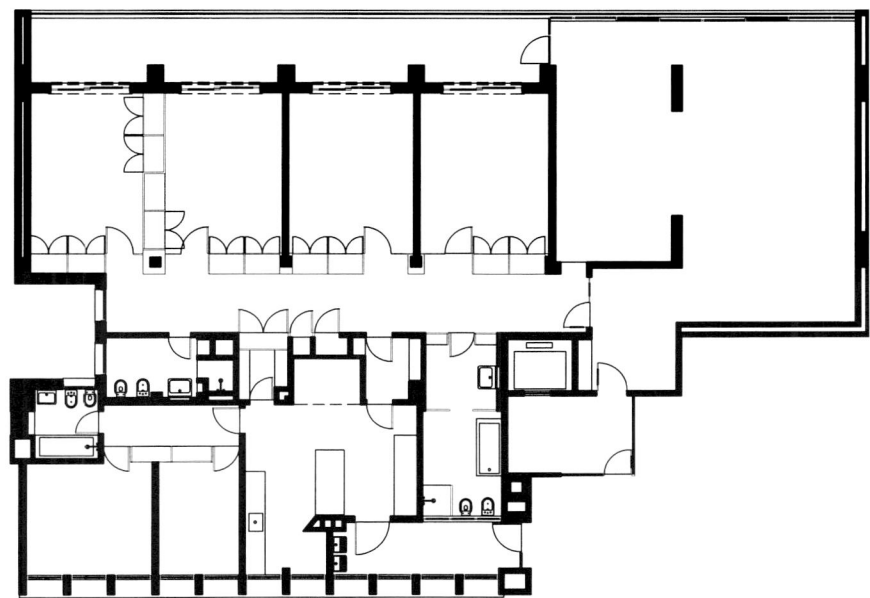

Original floor plan

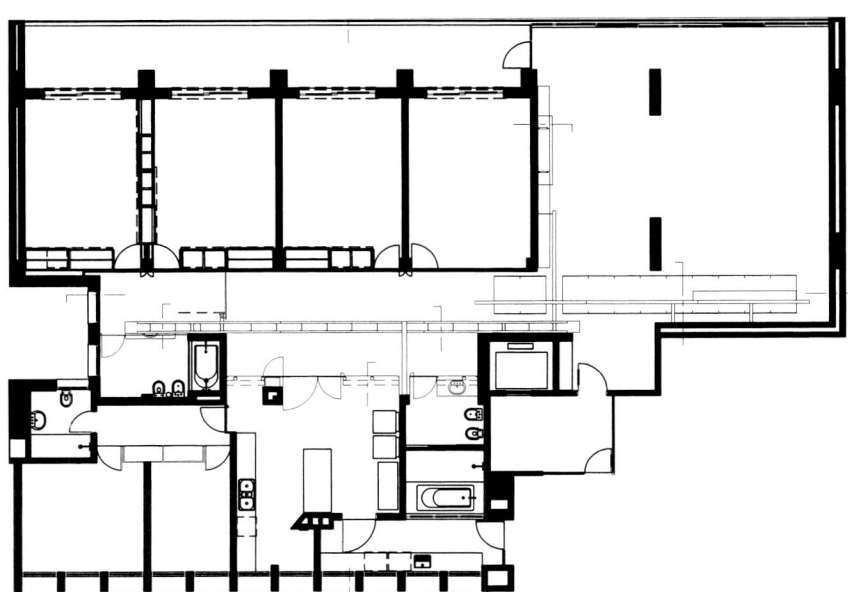

Renovation floor plan

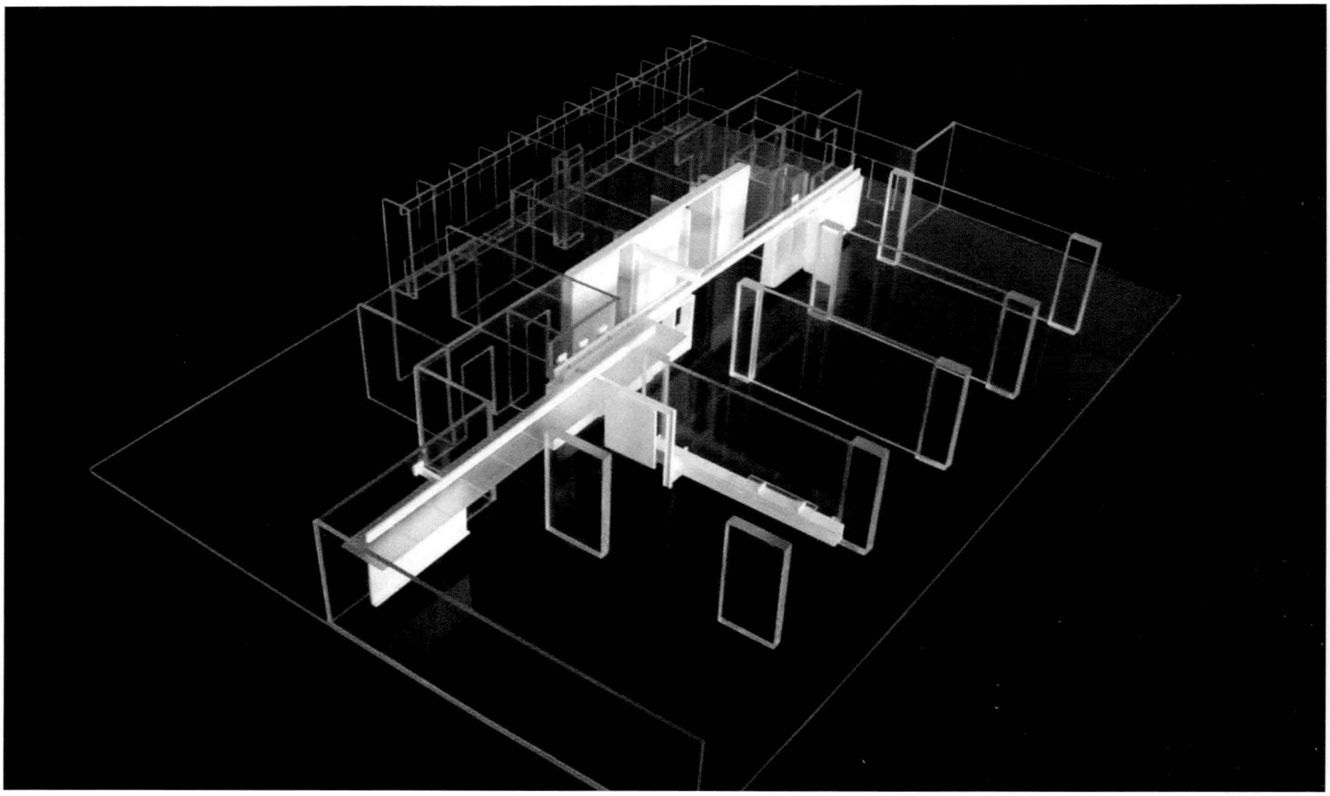

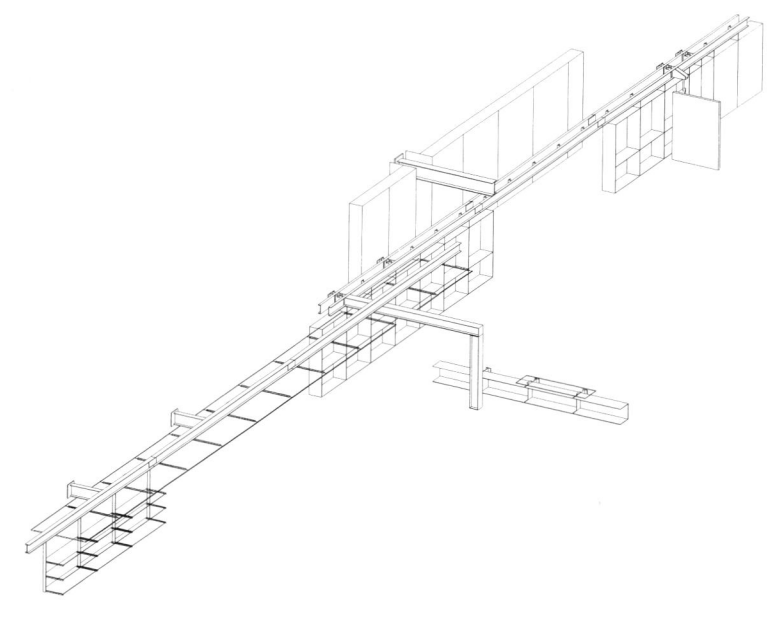

Perspective

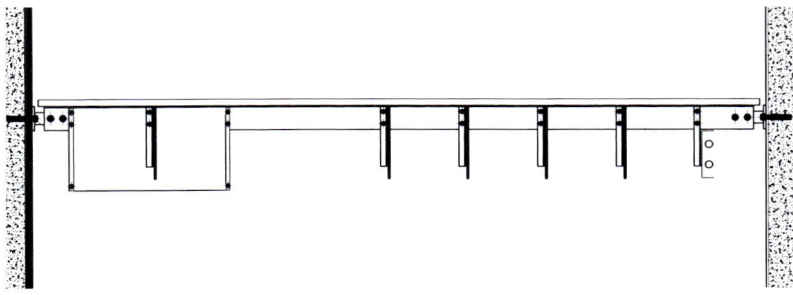
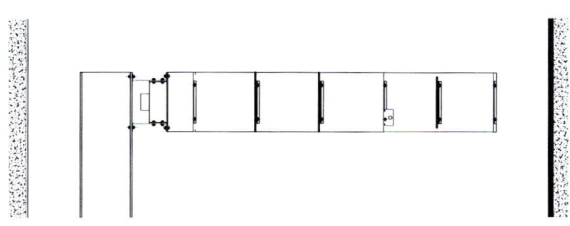

Detail of bookshelves

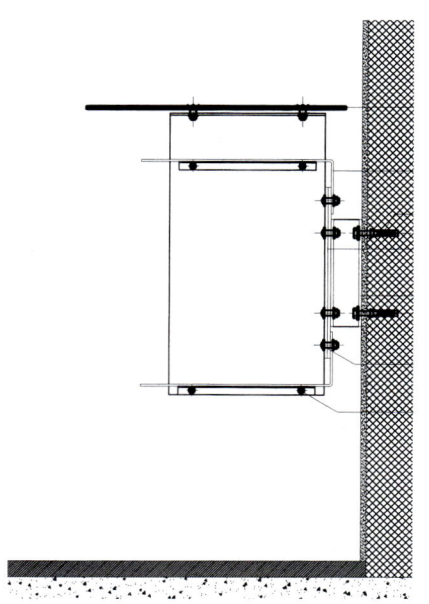

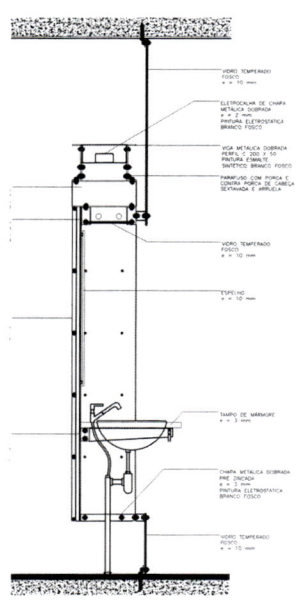

Detail of bathroom   Detail of cabinet

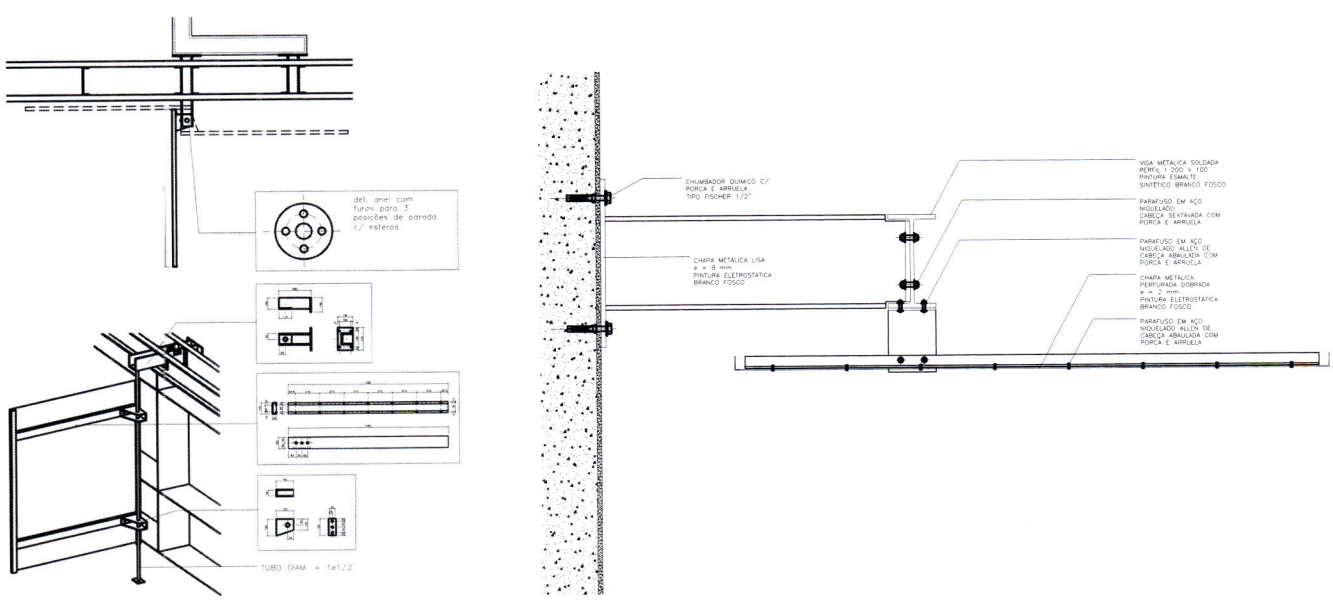

Construction details

O HOUSE

ATELIER MATADOR

© SVEN EVERAERT & JEAN PIÈRE LEGROS
MONS, BELGIUM

Um die zum Einfamilienhaus umgewandelte ehemalige Glasfabrik zu betreten, musste man früher einen heruntergekommenen Innenhof durchqueren, außerdem hatten drei der vier Mauern keinerlei Öffnung nach außen. Bei der Renovierung wurde entschieden, diesen Bereich in einen Patio zu verwandeln, der Mittelpunkt und Zugangsmöglichkeit zum Rest des Gebäudes darstellt. Durch die strategische Platzierung der großen Fenster öffnet sich das gesamte Gebäude zum Innenhof hin, ohne die Privatsphäre der Bewohner aufs Spiel zu setzen.

This old glass factory, transformed into a single-family home, was formerly entered through a deteriorated patio and three of its four walls had no openings to the outside. The architects decided to transform this intermediate space into a true patio that would be the hub for the rest of the house. The strategic placement of large windows has achieved a situation in which the entire house faces the patio without sacrificing privacy for its residents.

On pénétrait dans cette ancienne usine de verrerie via un patio très abîmé et trois de ses quatre murs d'enceinte ne présentaient aucune ouverture sur l'extérieur. Cette usine a donc dû être métamorphosée pour abriter une famille. Les architectes ont décidé de transformer l'espace intérieur en un véritable patio, centre névralgique desservant l'ensemble des pièces du bâtiment. Des baies vitrées ont été judicieusement disposées de façon à ce que chacune des pièces profite d'une ouverture sur la cour, sans sacrifier pour autant le besoin d'intimité des résidents.

Deze oude glasfabriek, die is omgebouwd tot een eengezinswoning, werd vroeger betreden via een vervallen binnenplaats, waar drie van de vier muren geen uitzicht naar buiten toe boden. De architecten besloten deze tussenruimte om te vormen tot een echte binnenplaats die kon dienen als middelpunt van de rest van het huis. Door de strategische plaatsing van grote ramen kijkt het hele huis uit op de binnenplaats terwijl de privacy van de bewoners toch.

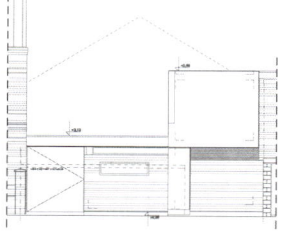
Front elevation

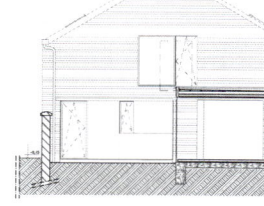
Rear elevation

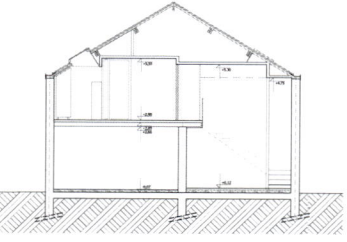
KK section

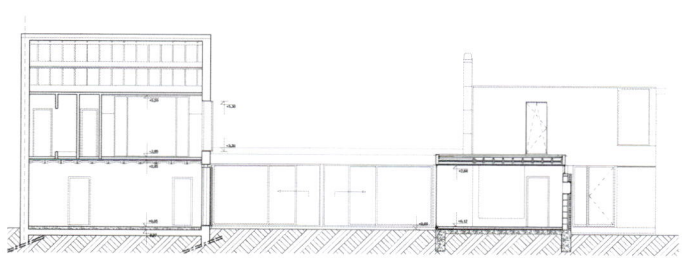
Longitudinal section

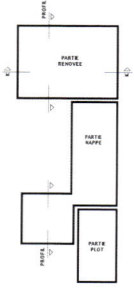
View of units

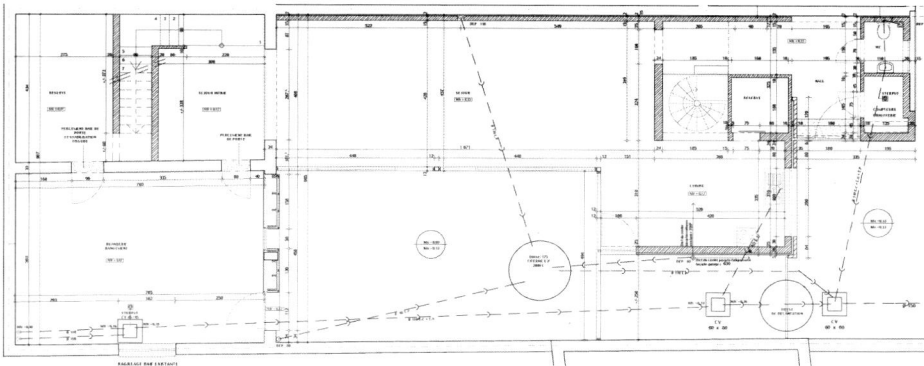

Ground floor

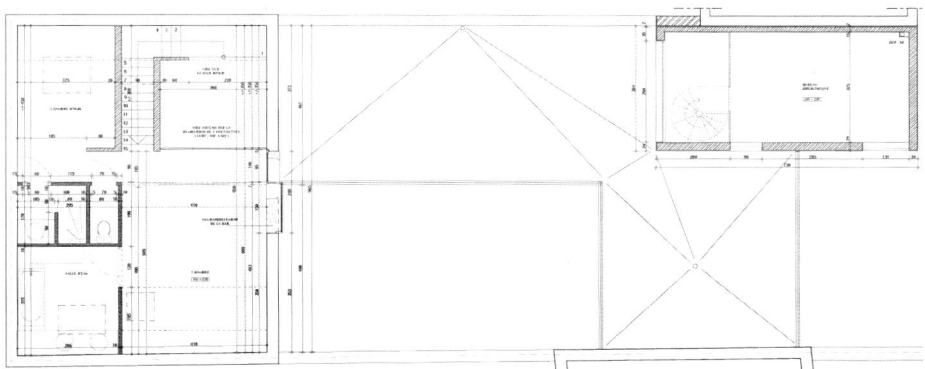

First floor

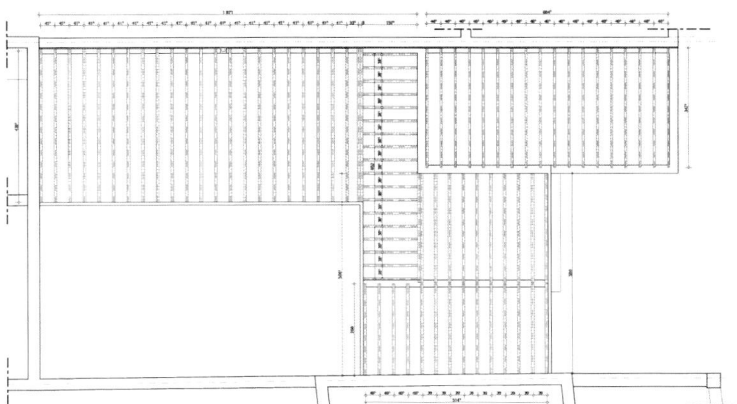

Plan of structures

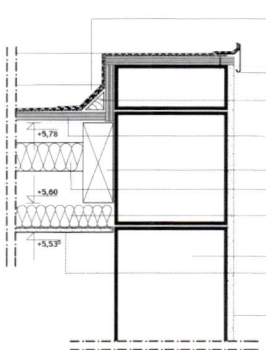

Detail of intersection between roof and façade

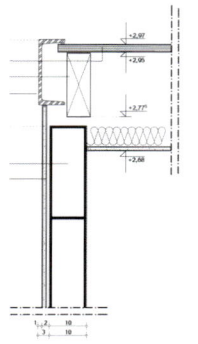

Detail of mezzanine

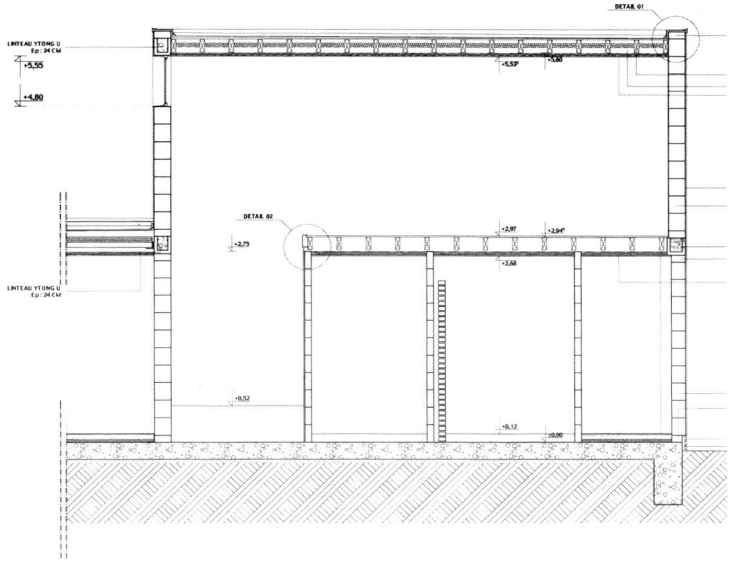

Section of multifunctional block

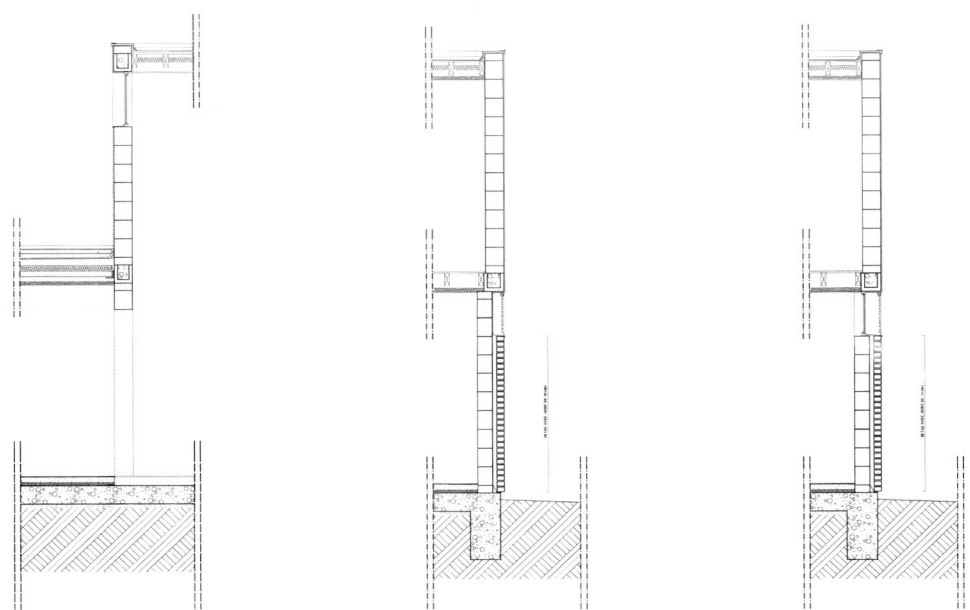

Sections of façade construction detail

Cross section

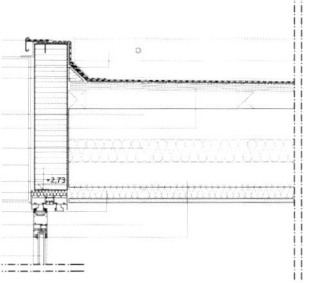
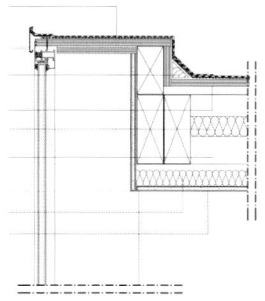
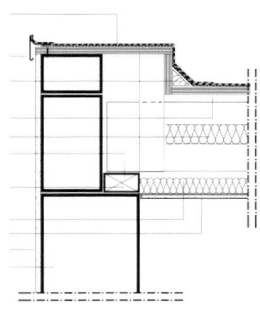
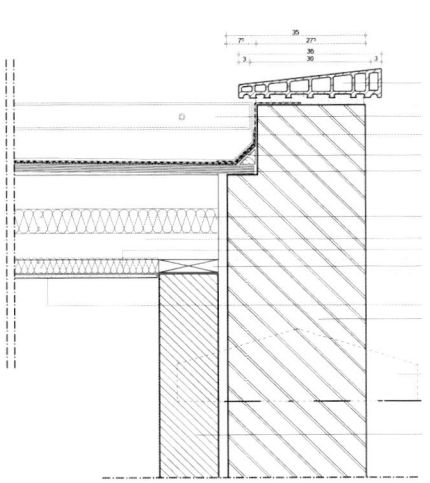
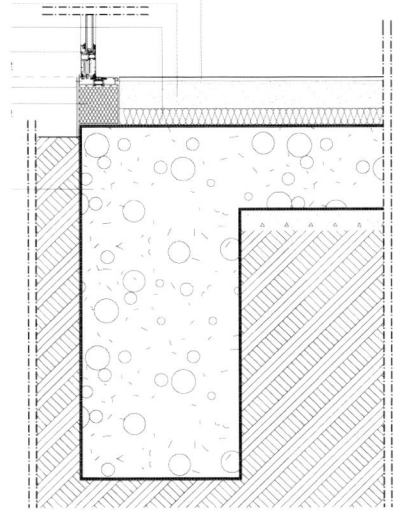

Construction details

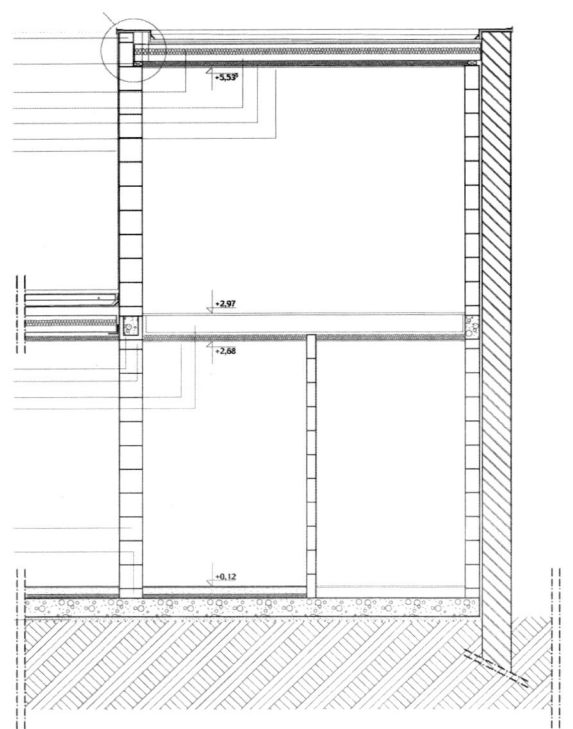
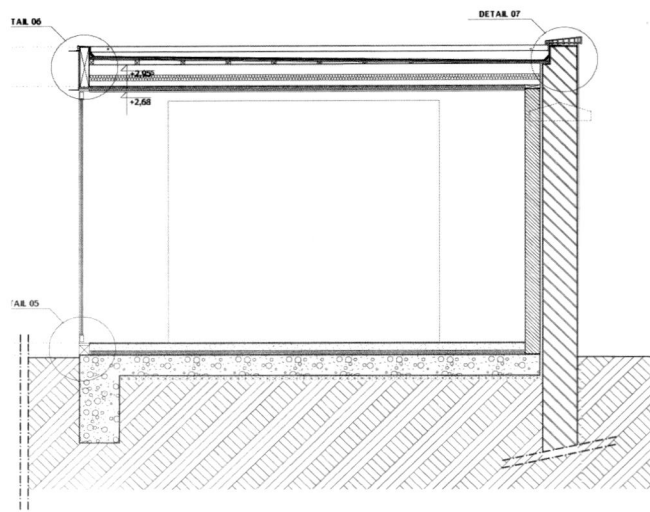

Construction sections

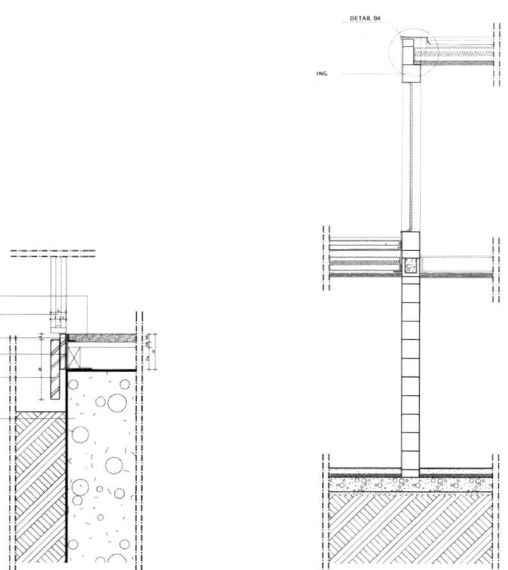
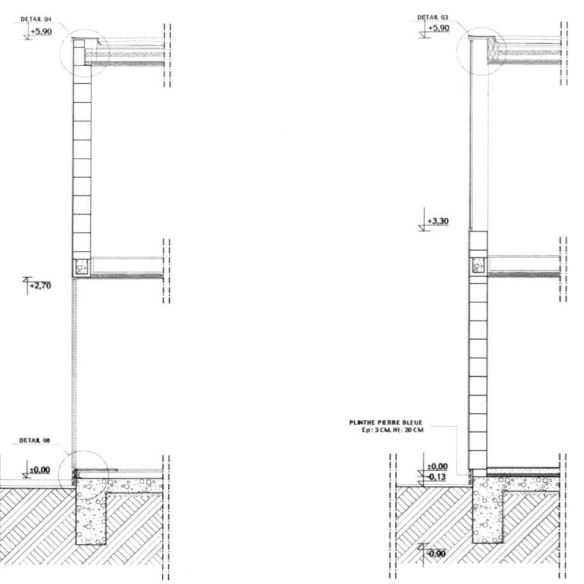

Construction details

EMERALD HILL

WOHA DESIGNS

© TIM GRIFFIN
SINGAPORE, SINGAPORE

In zahlreichen Häusern in Singapur liegt typischerweise ein von der Familie geführte Geschäft auf Straßenhöhe, während sich der Wohnraum in der Etage darüber befindet. Diese aufgrund des Klimas mit wenigen Fenstern ausgestatteten Räume sind meist recht dunkel. In diesem Renovierungsprojekt wurden einige Elemente der ursprünglichen Gebäudestruktur bewahrt, aber gleichzeitig an die Ansprüche des modernen Lebens angepasst. Daher wurde die Originalfassade erhalten und gleichzeitig im Inneren eine Glaswand eingefügt, die den Einfall des Sonnenlichts ermöglicht.

Many typical houses in Singapore have a family business at street level with a residence for the owner above. These spaces tend to be dark with very few windows, due to the climate in this region. The plan for the remodeling of this house was to maintain some elements from the old structure while at the same time adapting them to modern lifestyle. Therefore, the original façade was left intact, while in the inside a glass wall was incorporated to allow the sunlight to flow in.

Beaucoup de maisons singapouriennes consacrent traditionnellement le rez-de-chaussée à un usage professionnel « un commerce familial le plus souvent » tandis que les étages supérieurs servent d'habitation. En raison du climat tropical de cette région, les pièces, équipées de peu de fenêtres, sont généralement sombres. L'idée phare de ce projet de rénovation était de conserver les éléments architecturaux majeurs, tout en apportant un maximum de confort. Ainsi, la façade a été conservée telle quelle, tandis que l'une des cloisons intérieures a été remplacée par un mur de verre, afin de favoriser la diffusion de la lumière naturelle dans le bâtiment.

Veel huizen in Singapore hebben een familiebedrijf op de begane grond, met woonruimte op de bovenverdieping. Deze woonruimten zijn vaak donker en hebben erg weinig ramen, wat te wijten is aan het klimaat. Het plan voor de verbouwing van dit huis was het behoud van enkele oude elementen, die daarbij wel werden aangepast aan het moderne leven. De originele gevel werd intact gelaten en binnenin werd een glazen muur aangebracht om zonlicht binnen te laten.

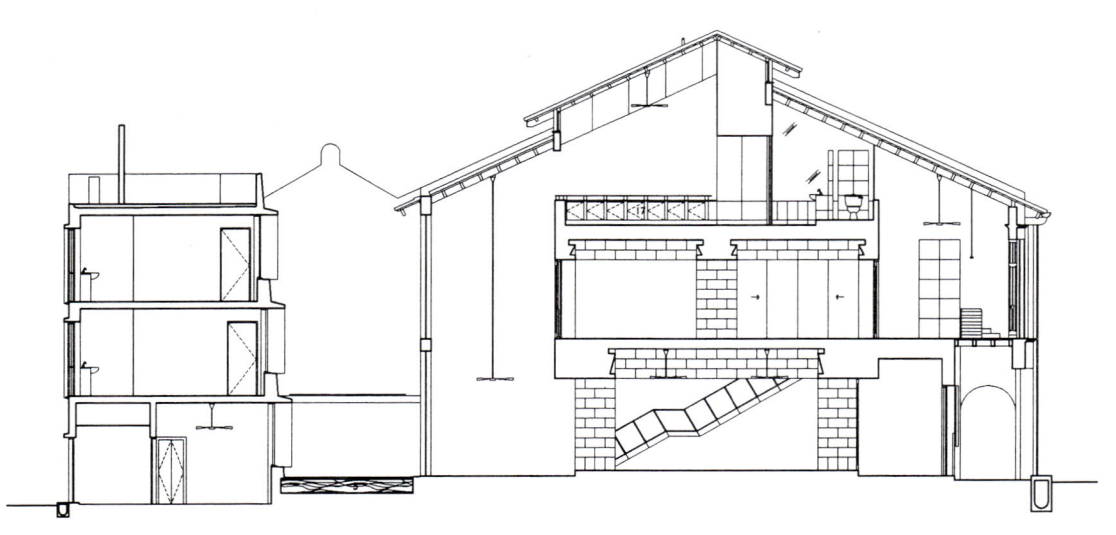

Section

202 | EMERALD HILL

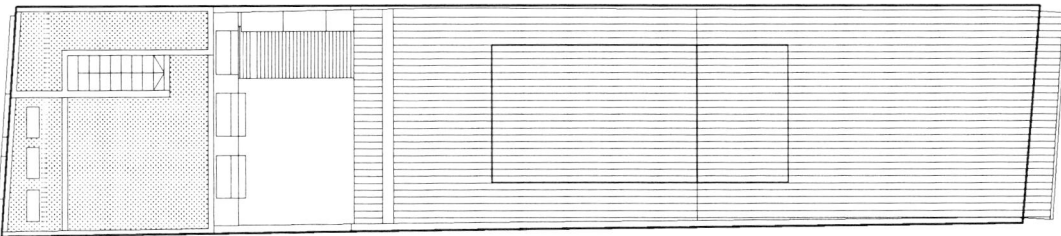

Third floor

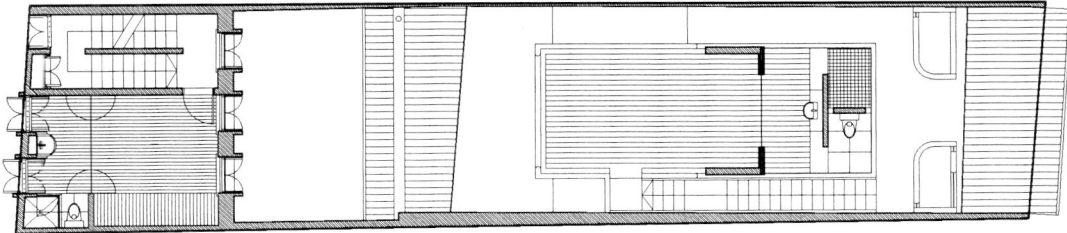

Second floor

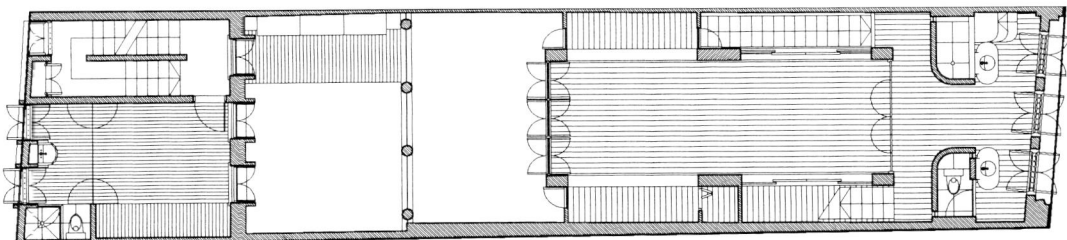

First floor

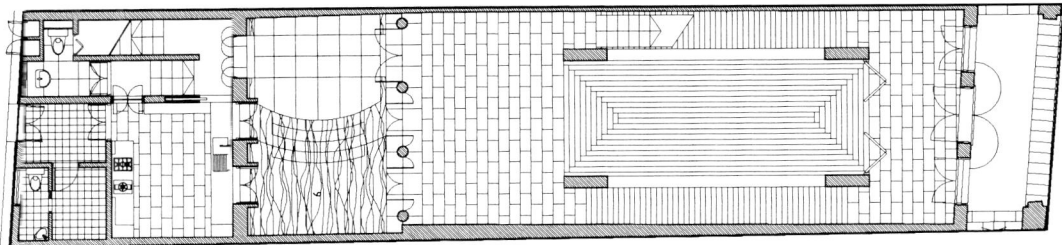

Ground floor

Gold Lane

Project 35 English & Konu Architects

© Project 35 English & Konu Architects
London, United Kingdom

Der heruntergekommene Zustand der ehemaligen Autowerkstätten hatte das Wohngebiet zu einem Ziel von Vandalismus gemacht. Die Vereinigung von ökologischem Design mit erschwinglichen Preisen war eines der Hauptziele dieses Projekts. Die sichtbarste Maßnahme bestand in der Umwandlung der Dächer zu Terrassen, indem diese mit Rasen bepflanzt wurden. Die Innenräume wurden mit umweltschonenden Vorrichtungen ausgestattet: Brennwertkessel und eine gute Wärmedämmung ermöglichen Energie sparendes Wohnen.

The state of disarray of the former garages had turned the area into a target for vandalism. The combination of ecological solutions and affordable prices was the key to this remodeling project, transforming the garages into single-family houses. The most visible solution was covering the roofs with short grass and transforming them into terraces. The interiors incorporate solutions that promote energy conservation like condensing boilers and thermal insulation.

Le manque d'entretien des garages avait fait de ce quartier une cible privilégiée pour des actes de vandalisme. Ce projet a impliqué la mise en œuvre de solutions à la fois écologiques et bon marché, qui ont permis de métamorphoser ces anciens garages en maisons. L'une des réalisations les plus spectaculaires a été de recouvrir les toits inclinés de pelouse, les transformant en terrasses. De surcroît, l'aménagement intérieur fait la part belle aux énergies renouvelables, privilégiant l'isolation thermique et la chaudière à condensation.

Door de ernstige staat van verval waarin deze voormalige garages verkeerden, was het gebied tot mikpunt van vandalisme geworden. De crux van dit verbouwingsproject was een combinatie van ecologische oplossingen en betaalbaarheid. De garages werden omgebouwd tot eengezinswoningen. De duidelijkst zichtbare oplossing was de dakbedekking met kort gras, zodat daktuinen ontstonden. Binnenin zijn energiebesparende maatregelen toegepast, zoals condensketels en warmte-isolatie.

Dieses Projekt beweist, dass trotz kleinen Budgets eine angenehme Atmosphäre in einer umweltfreundlichen Wohnform geschaffen werden kann.
This project proves that a pleasant atmosphere can be created with small budgets, while being respectful to the environment.
Ce projet démontre qu'un cadre de vie à la fois plaisant et respectueux de l'environnement peut être créé à partir d'un budget serré.
Dit project bewijst dat ook met een klein budget en respect voor het milieu iets sfeervols neergezet kan worden.

General plan

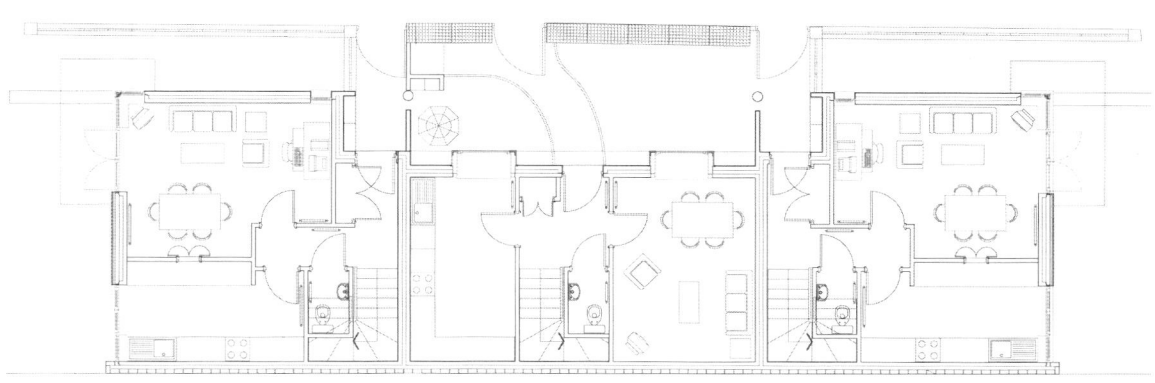

Ground floor

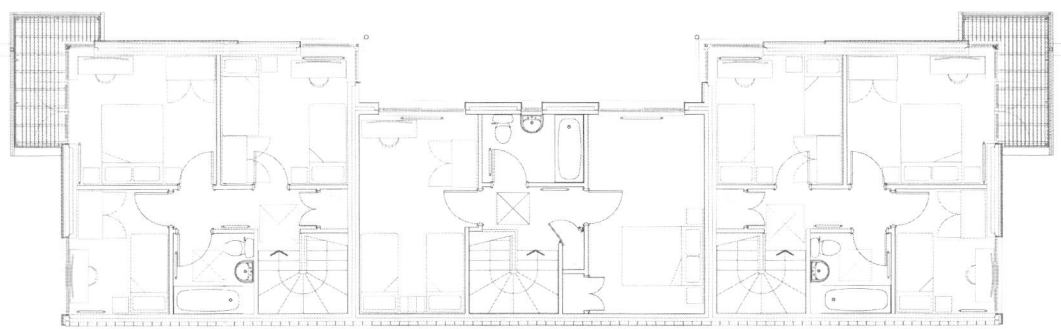

First floor

Elevation

Apartment in Sienna

Giuseppe Chigiotti

© Matteo Piazza
Sienna, Italy

Dieses Apartment, das über gute Lichtverhältnisse und einen unregelmäßigen Grundriss verfügt, gehört zu einer an einer mittelalterlichen Mauer gelegenen Gebäudegruppe. Obwohl als einheitlicher Raum konstruiert, kann die Wohnung mit Hilfe der Einrichtung, die einen integrierten Bestandteil der Wohnung bildet, nach Bedarf aufgeteilt werden. Eine der Besonderheiten dieser Wohneinheit bildet der zweistöckige Turm, der das Ankleidezimmer im oberen Bereich und das Badezimmer in der unteren Etage beherbergt.

This well lit apartment with an irregular floor-plan is part of a group of buildings located next to an old medieval wall. Although it was designed as a single space, it can be divided according to the function of each of the rooms, with furnishings that form an integral part of the architecture. One of the outstanding features of the residence is a two-level structure in the shape of a tower, which houses the dressing room on the top and the bathroom at the bottom.

Cet appartement très lumineux qui se déploie sur différents niveaux fait partie d'un ensemble d'immeubles jouxtant un mur d'enceinte médiéval. Conçu d'un seul tenant, l'appartement, qui ne possède aucune porte, se divise cependant en espaces distincts dont le mobilier design, parfaitement intégré à l'architecture, permet de distinguer les diverses fonctions. L'un des éléments les plus surprenants de ce duplex consiste en une sorte de tour intérieure qui accueille un dressing au niveau supérieur et une salle de bains à l'étage inférieur.

Dit goed verlichte appartement met zijn onregelmatige indeling maakt deel uit van een groep gebouwen naast een middeleeuwse muur. Het is ontworpen als één ruimte, maar die kan desgewenst naar woonfunctie anders ingedeeld worden met behulp van meubilair dat een geheel vormt met de architectuur. Een van de schitterende elementen van deze woning is een twee verdiepingen tellende toren, waarvan de bovenverdieping fungeert als kleedkamer en de benedenverdieping als badkamer.

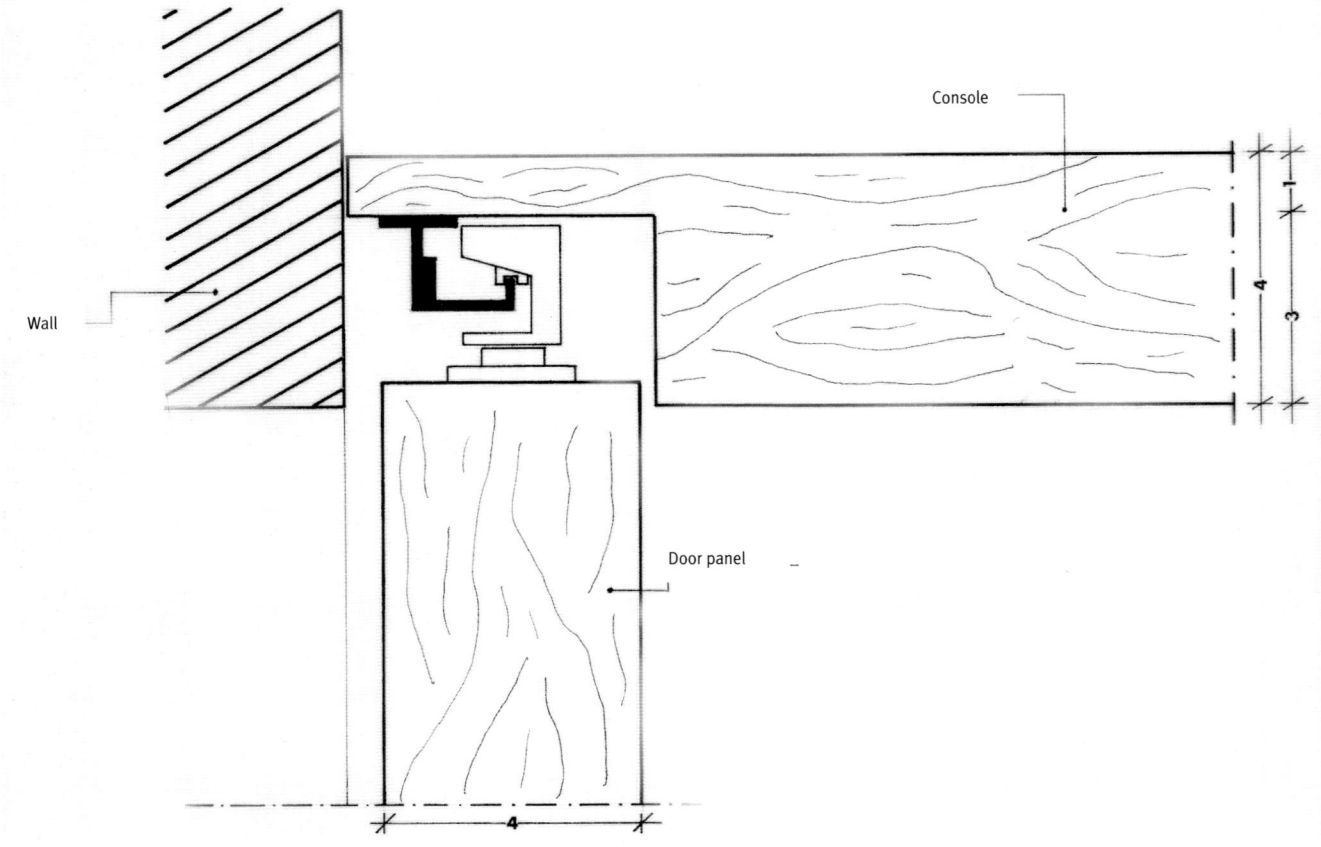

Sliding door detail

APARTMENT IN SIENNA | 213

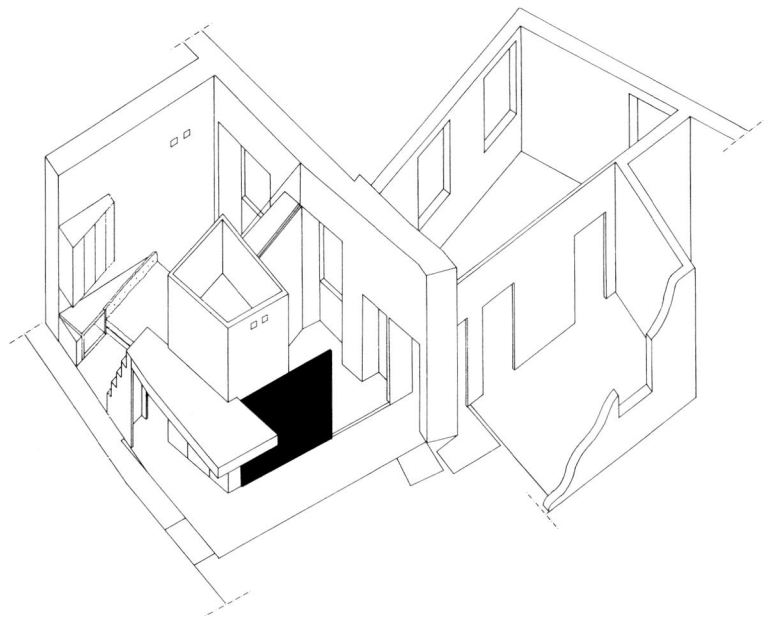

Perspective of apartment

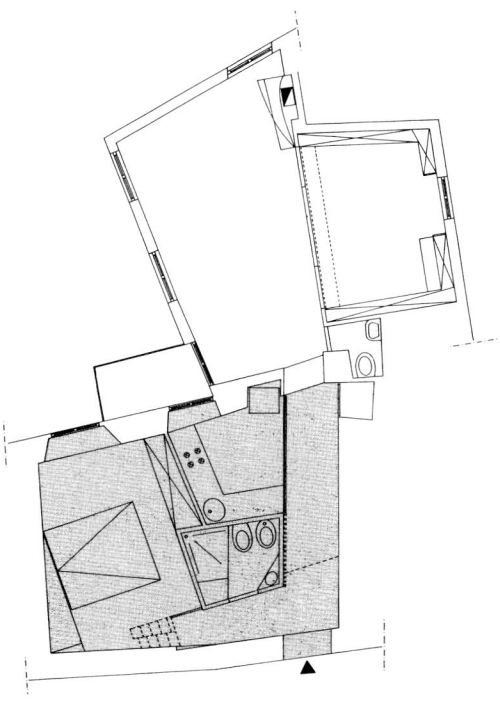

Plan

APARTMENT IN SIENNA | 215

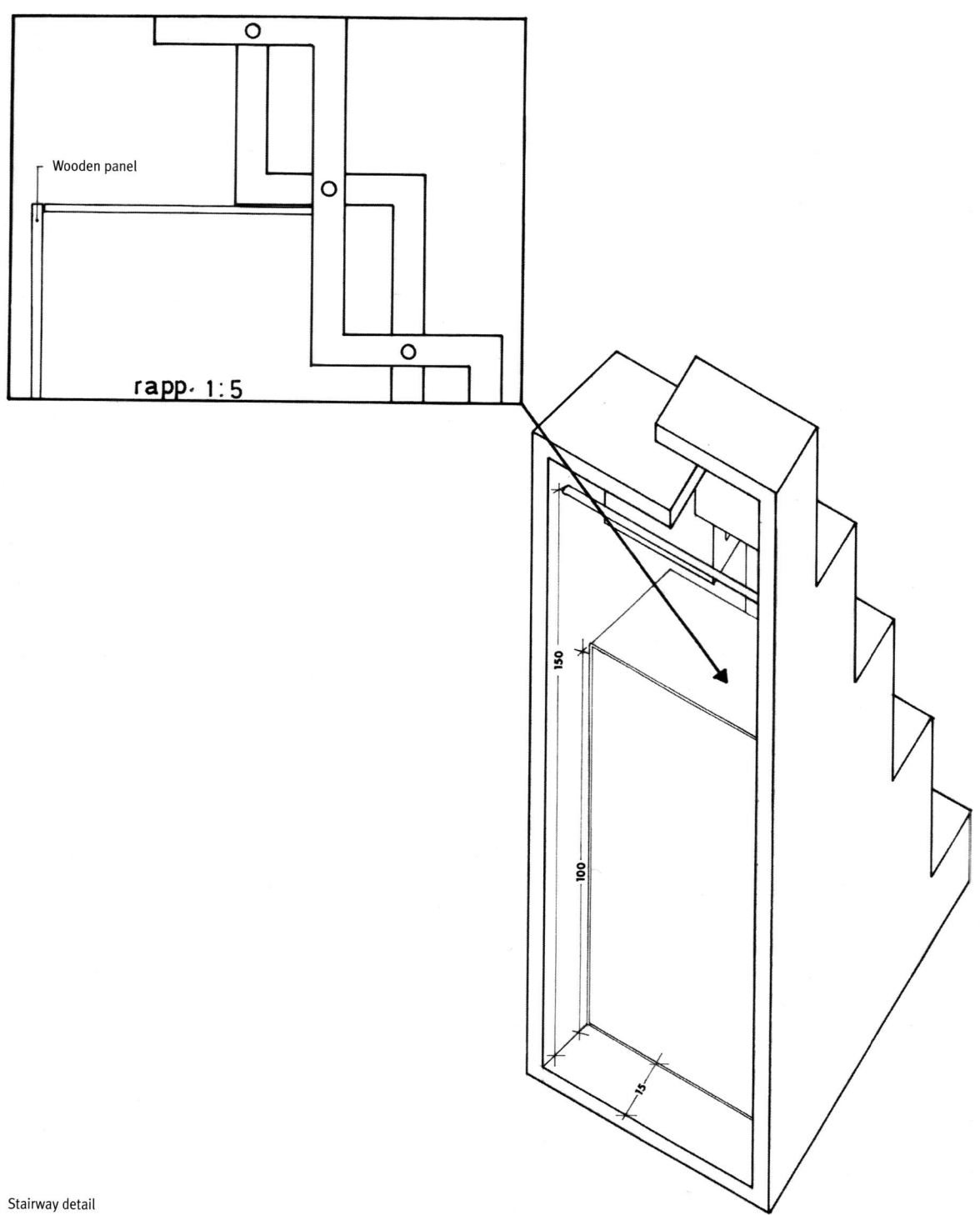

Stairway detail

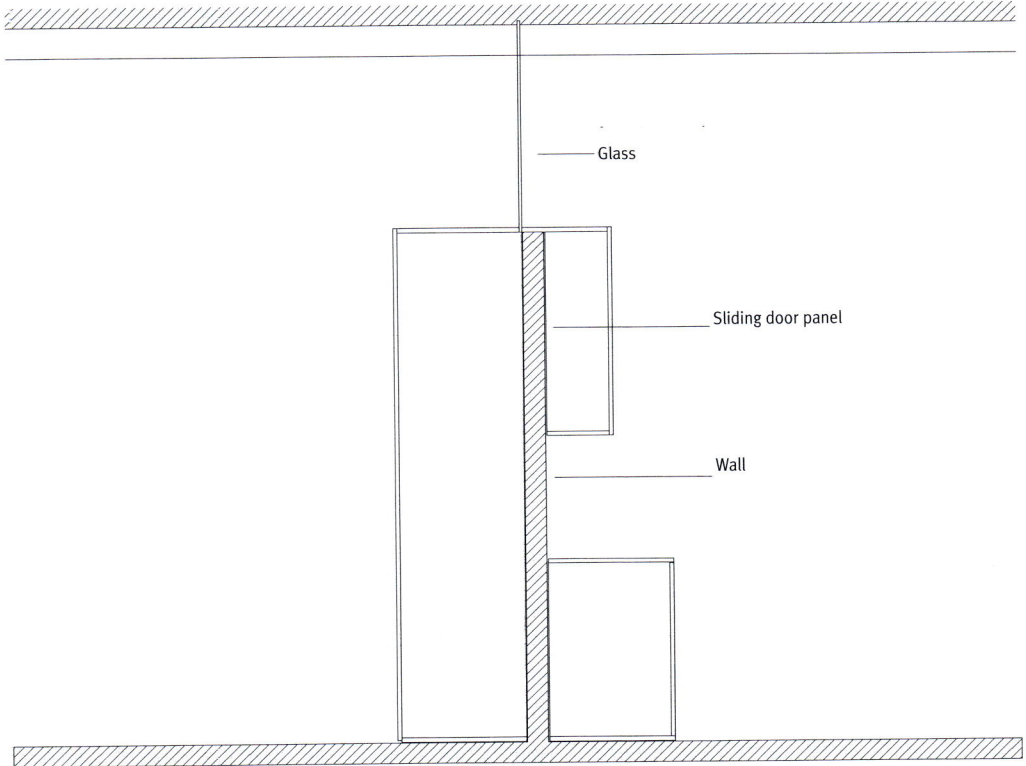

Sliding door detail

Loft on Nile Street

McDowell & Benedetti

© Nick Hufton/View
London, United Kingdom

Dieses Projekt begann mit dem Auftrag, ein altes Lagerhaus in einem zentral gelegenen Wohnviertel herzurichten. Das Loft verteilt sich über die zwei oberen Etagen des Gebäudes. Die gut erhaltene Fassade aus Mauerwerk wurde nur an einigen Stellen gesäubert und restauriert, um den industriellen Charakter nicht zu zerstören. Um die Wohnräume mit Tageslicht zu versorgen, wurden die hölzernen Bestandteile der Fenster ausgetauscht.

This project began with a commission to remodel an old warehouse in a centrally located neighborhood. The loft occupies the top two floors of the building. Thanks to the good condition of the brick façades that were cleaned and restored in only a few areas, it was possible to preserve its factory atmosphere. The wooden components of the windows were changed, allowing the living spaces to be flooded by natural light.

Au départ, l'équipe en charge du projet ne devait se consacrer qu'à la rénovation de cet ancien entrepôt situé dans un quartier central de Londres. Le loft occupe les deux derniers étages du bâtiment. Les façades en brique étant dans un état de conservation satisfaisant, un travail partiel de nettoyage et de restauration a permis de conserver l'esprit industriel des lieux. La menuiserie en bois des fenêtres a été remplacée de manière à ce que les principaux lieux de vie soient baignés la lumière naturelle.

Dit project begon met de opdracht een oud pakhuis in een centrale wijk te verbouwen. De loft bestaat uit de twee bovenste verdiepingen van het gebouw. Dankzij de goede staat van de bakstenen gevels, die maar op een paar plekken zijn gereinigd en gerestaureerd, kon de industriële sfeer behouden blijven. De houten componenten van de ramen werden vervangen, zodat de woonruimten optimaal konden profiteren van het daglicht.

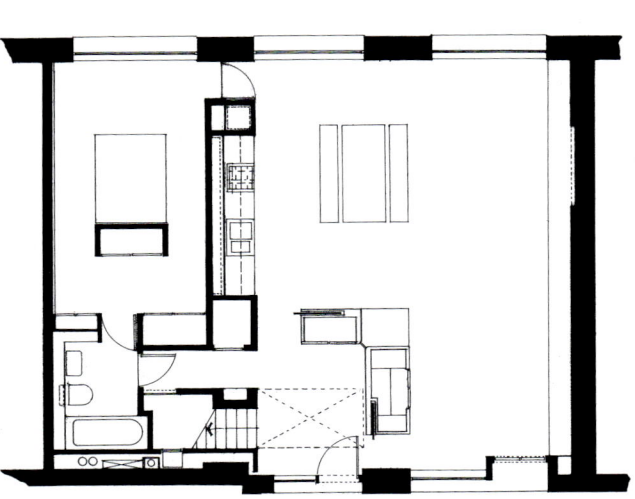
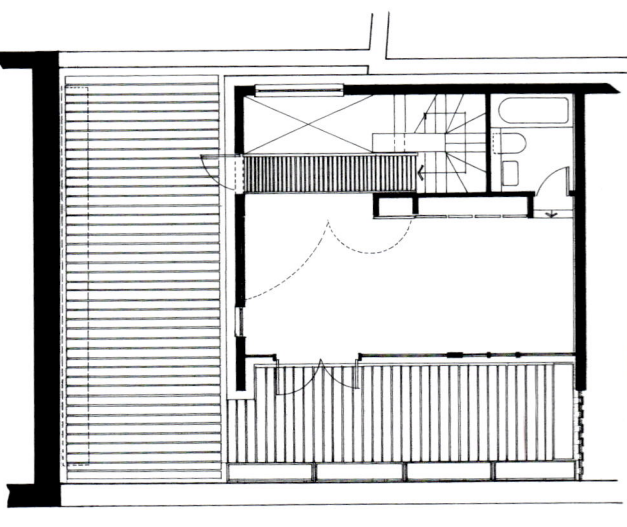

Ground floor

First floor

222 | LOFT ON NILE STREET

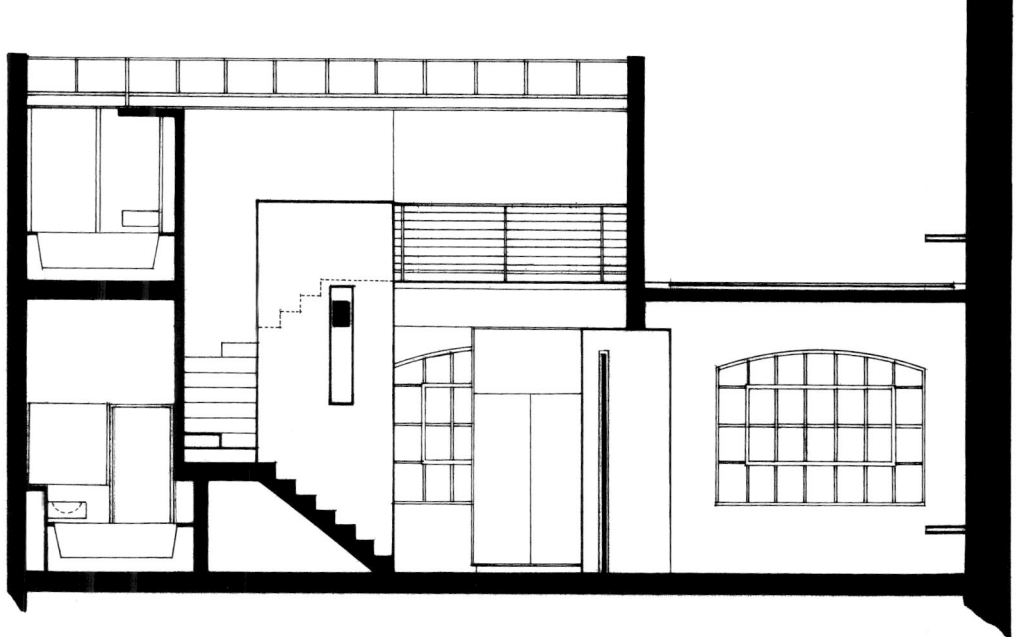

Longitudinal section

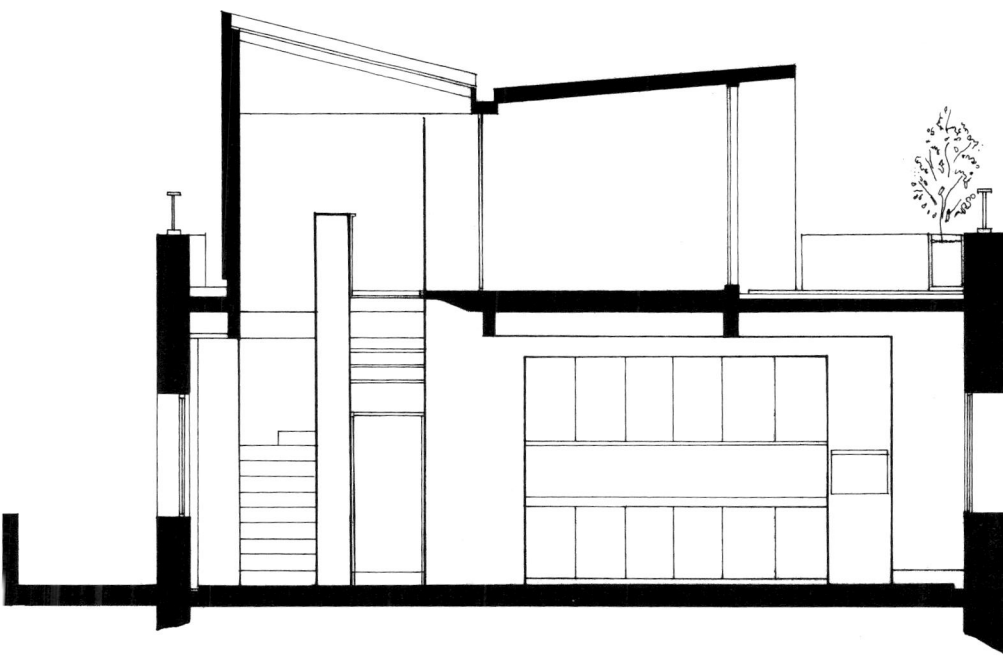

Cross section

LOFT ON NILE STREET | 225

Die Architekten wurden beauftragt, das Loft, das einen Wohnbereich sowie Ausstellungsräume für bildende Kunst beinhalten sollte, umzustrukturieren. Der Wunsch des Kunden, ein Kunstsammler, war es, beide Gebäudefunktionen durch fließende Grenzen zu verschmelzen. Mit diesen Plänen im Hinterkopf entwickelten die Architekten einen auf zwei Ebenen verteilten Grundriss, in dem die Galerie eine Einheit mit den Wohnräumen bildet. Das obere Stockwerk wurde aus Beton konstruiert und ruht auf schwarzen, mit Geländern aus Hartglas versehenen Stahlträgern.

The architects were commissioned to remodel this loft that would include a living area and a space to exhibit works of art. The client, an art collector, wanted these two functions to coexist without strict boundaries between them. With this in mind, the architects developed a floor-plan, divided into two levels, in which the gallery blends with the private zones. The upper level was constructed of concrete, resting on steel beams painted black with tempered glass banisters.

Les architectes mandatés pour aménager ce loft devaient faire en sorte qu'il rassemble une partie habitation et un espace d'exposition d'œuvres d'art. Le client, un collectionneur d'art, tenait à ce que ces deux espaces coexistent sans frontière strictement délimitée. Fidèles à cette idée, les architectes ont décidé de séparer le niveau du rez-de-chaussée en deux longs espaces parallèles de façon à ce que la galerie se fonde dans les pièces privées. Le niveau supérieur a été construit en béton, alliant l'utilisation de poutres d'acier peintes en noir et de baies en verre trempé.

De architecten die opdracht kregen deze loft te verbouwen, moesten een woongedeelte creëren én een ruimte om kunstwerken te exposeren. De opdrachtgever was een kunstverzamelaar die deze twee functies naadloos in elkaar wilde laten overlopen. De architecten kozen voor een indeling over twee verdiepingen waarin de galerie als het ware vervloeit met de privéruimten. De bovenverdieping is opgetrokken uit beton en rust op zwart geschilderde stalen balken, met matglazen relingen.

GREENBERG LOFT

SMITH-MILLER & HAWKINSON ARCHITECTS

© MATTEO PIAZZA
NEW YORK, UNITED STATES

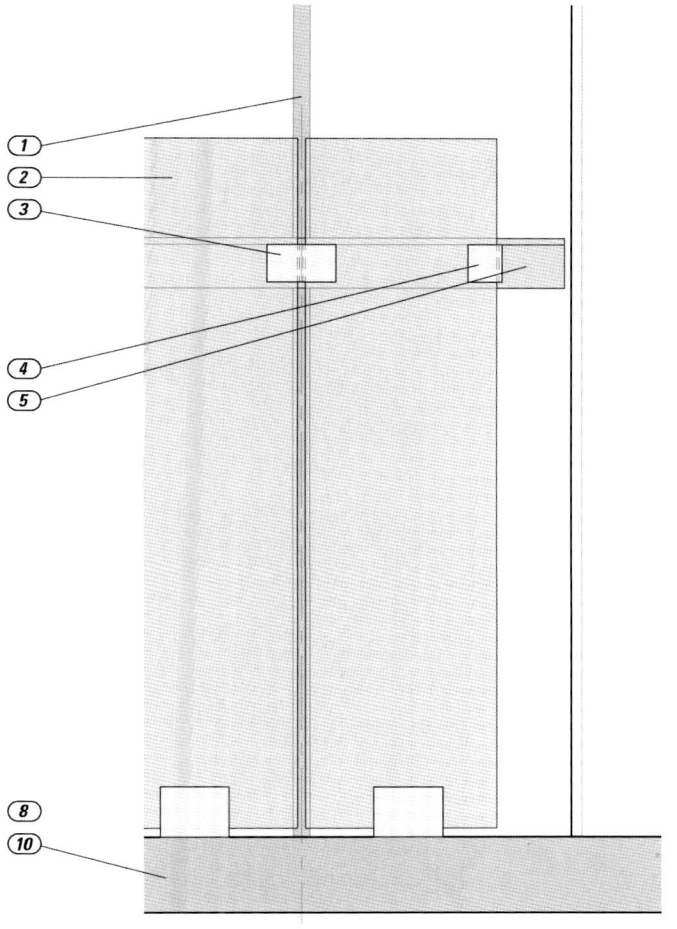
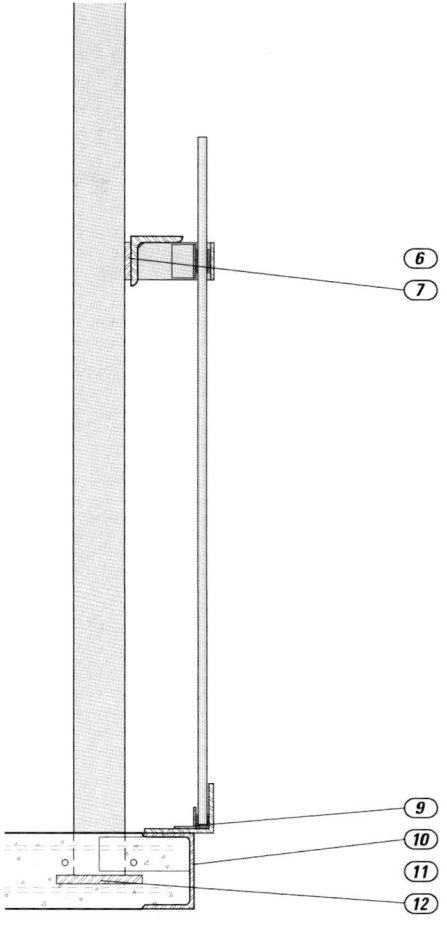
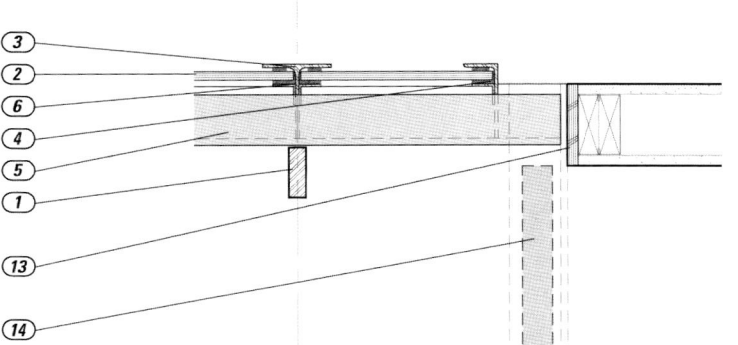

1. Steel banister
2. Steel banister anchor
3. Steel post
4. Maple wood tread
5. Steel clamp
6. Piece bolted to channel
7. Steel channel
8. Plaster wall
9. Embedded steel plate
10. Concrete slab
11. Steel bracket
12. Door hinge
13. Maple wood door
14. Steel guide
15. Expanding shim
16. Maple floor boards

Detail of stairway construction

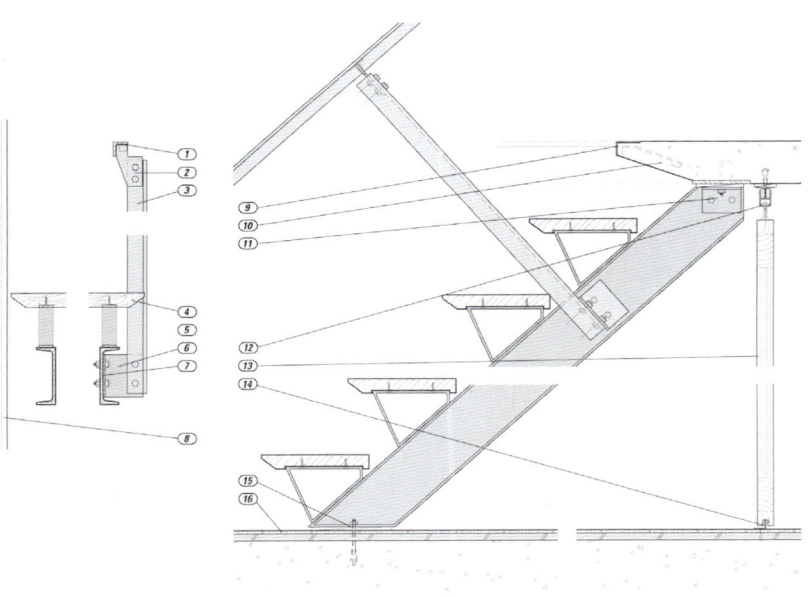

1. Steel banister
2. Steel banister anchor
3. Steel post
4. Maple wood tread
5. Steel clamp
6. Piece bolted to channel
7. Steel channel
8. Plaster wall
9. Embedded steel plate
10. Concrete slab
11. Steel bracket
12. Door hinge
13. Maple wood door
14. Steel guide
15. Expanding shim
16. Maple floor boards

Detail of stairway construction

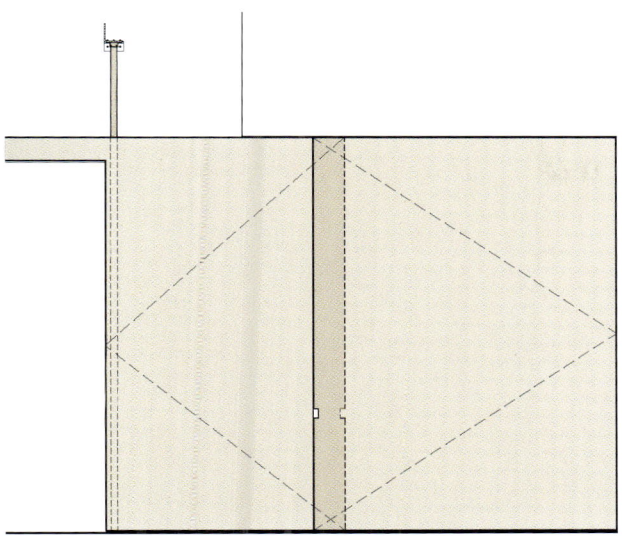

Elevation of the pivoting door

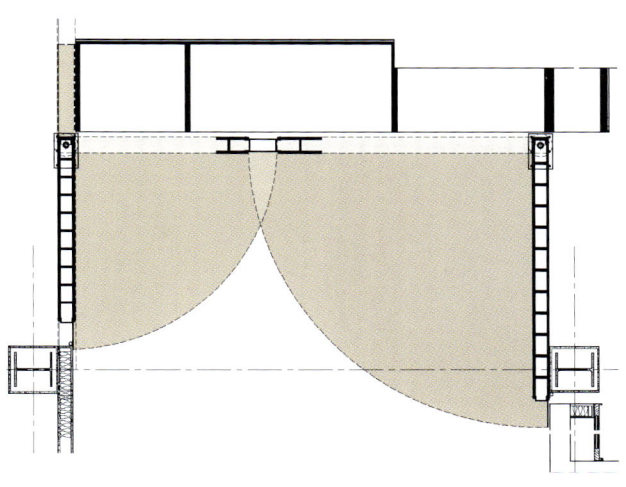

Plan of the pivoting door

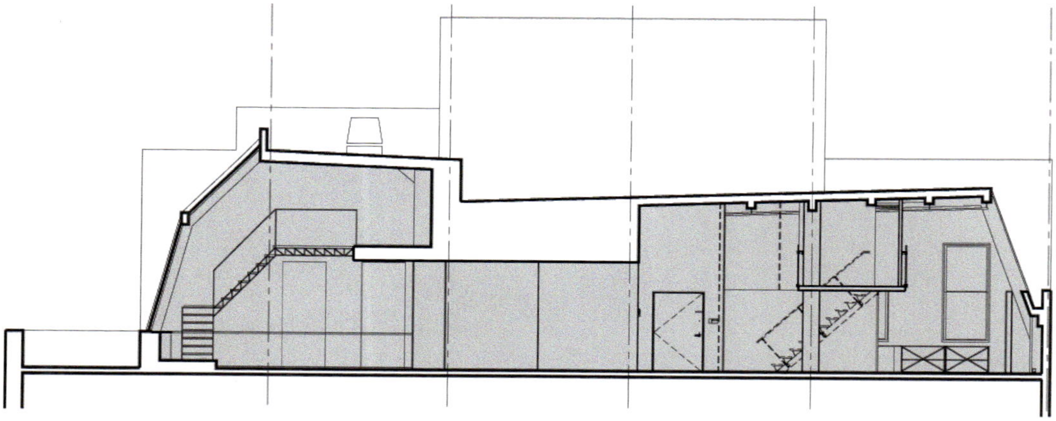

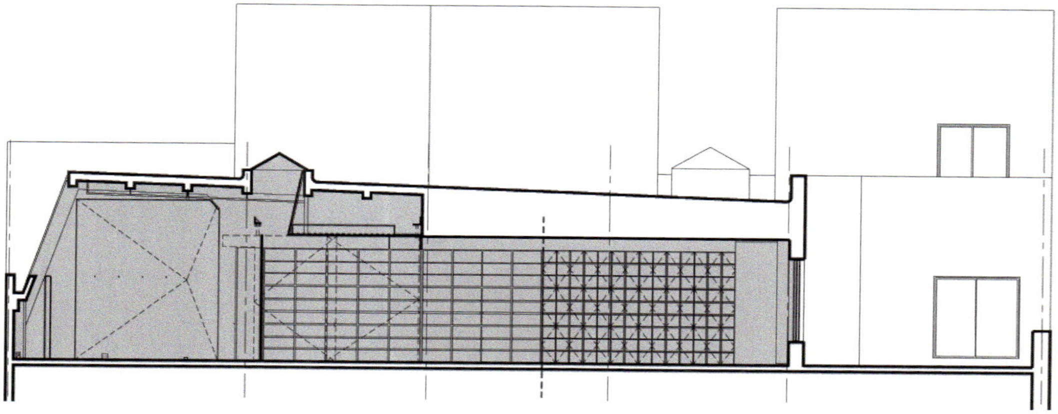

Sections

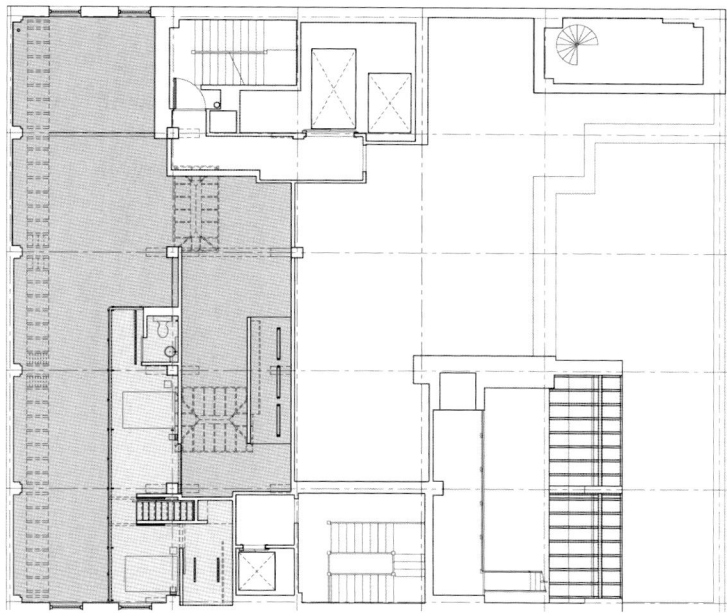

First floor

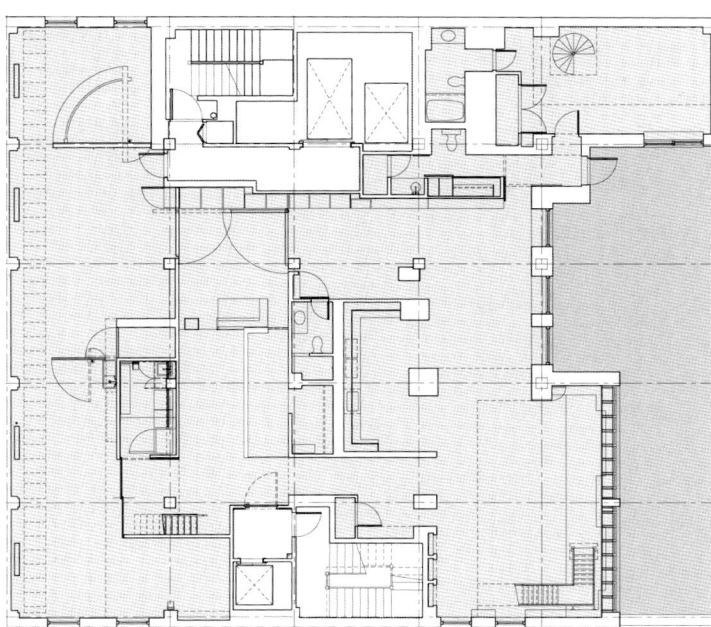

Ground floor

CRISTOFOLINI HOUSE

GIUSEPPE CARUSO

© MATTEO PIAZZA
GENEVA, SWITZERLAND

Ziel der Renovierung des im Jahr 1761 errichteten historischen Gebäudes war es, die ursprüngliche bauliche Struktur aufzudecken und gleichzeitig den für die Region charakteristischen monumentalen Stil des Bauernhauses hervorzuheben. Die Fassade wurde umgestaltet, ohne den typischen Stil des Bauernhauses zu zerstören. Davon zeugen beispielsweise die große, in vier Fenster eingeteilte Tür sowie die kleine, mit einem angrenzenden Fenster versehene Tür.

The purpose of the restoration of this historical building dating from 1761, was to uncover the original structure and at the same time to enhance the monumental aspect of the architectural features, characteristic of the farmhouses in the region. The façade was reconstructed preserving the style of the typical agricultural buildings, such as the large door divided into four windows or the small door with an adjacent window.

L'objectif de cette restauration d'un bâtiment datant de 1761 était de lui rendre sa beauté d'origine, tout en renforçant la dimension monumentale de son architecture, caractéristique des fermes de la région. La façade, fidèlement reconstruite sur le modèle des bâtiments à usage agricole, arbore par exemple une très grande porte divisée en quatre fenêtres, ainsi qu'une petite porte agrémentée d'une fenêtre adjacente.

Doel van de verbouwing van dit historische pand uit 1761 was het blootleggen van het oorspronkelijke gebouw en het benadrukken van het monumentale aspect van de architectonische elementen die karakteristiek zijn voor boerderijen in dit gebied. De façade is herbouwd met behoud van de typisch agrarische stijl, met onder andere een grote deur die in vier ramen is verdeeld en een kleine deur met een raam ernaast.

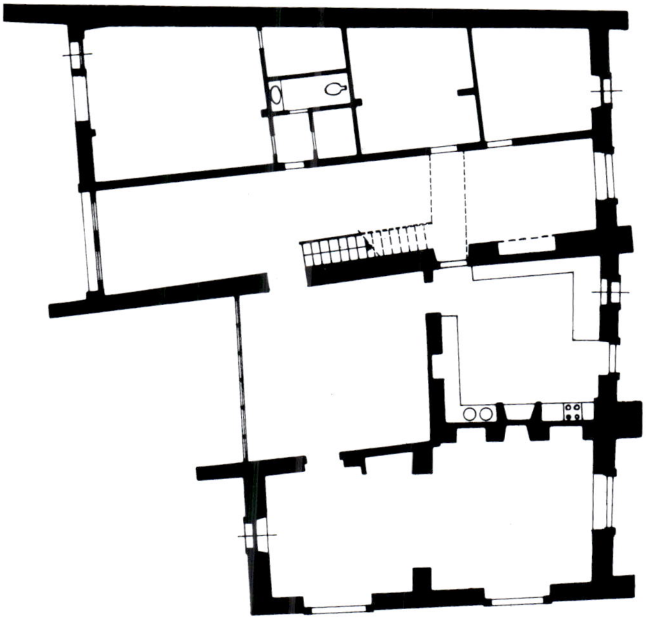

Second floor

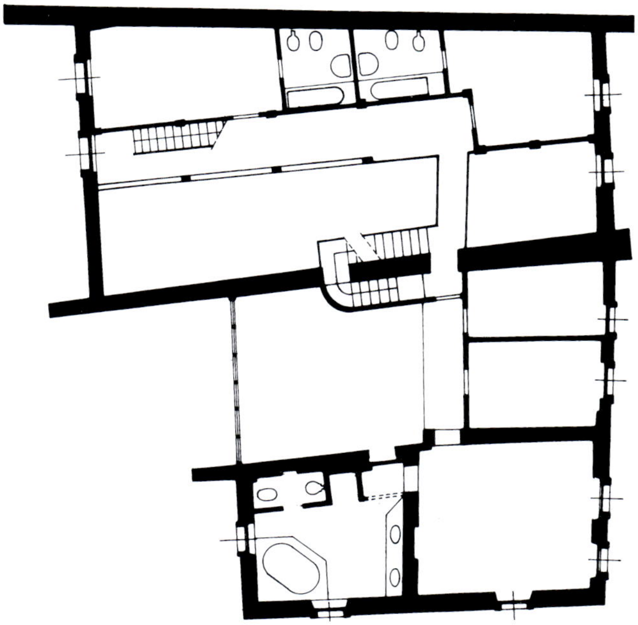

Third floor

CRISTOFOLINI HOUSE | 237

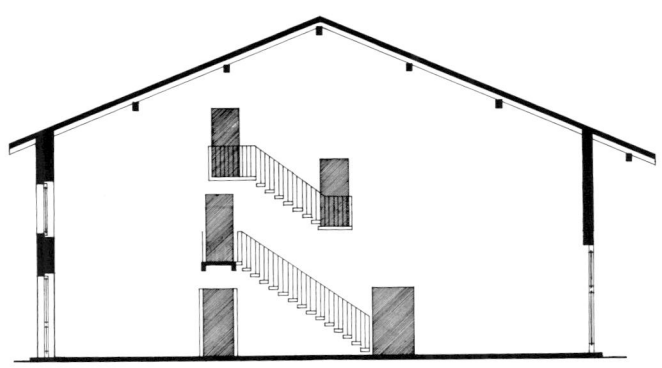

Cross sections

Elevation